CERRADO 24 HORAS

Beatriz Pitarch

CERRADO 24 HORAS
Crónica de un viaje a Corea del Norte

LAERTES

Primera edición: abril 2012

© Beatriz Pitarch
© de esta edición:
Laertes S.A. de Ediciones, 2012
C./Virtut 8, baixos - 08012 Barcelona
www.laertes.es

Fotografía de la cubierta:
Beatriz Pitarch
Procesado de la foto:
Javier Polo

Composición:
JSM

ISBN: 978-84-7584-864-8

Depósito legal: B-7536-2012

Impreso en: PUBLIDISA

Cualquier forma de reproducción, distribución, comunicación pública y transformación de esta obra sólo puede ser realizada con la autorización de los titulares de la propiedad intelectual, con las excepciones previstas por la ley. Diríjase a CEDRO (Centro Español de Derechos reprográficos, ‹www.cedro.org›) si necesita fotocopiar o escanear algún fragmento de esta obra.

Impreso en la UE

Índice

1. Preparativos 9
2. La llegada 13
3. La frontera 39
4. La verdadera historia en palabras de Song 53
5. La primera borrachera 67
6. El cumpleaños de Marina 83
7. El parque de atracciones 119
8. Kim no viene 167
9. El orfanato 199
10. El festival 217
11. La última noche 225
12. El regreso 233
Epílogo 241

1. Preparativos

Estoy horrible, lo sé. Es completamente intencionado. Acostumbrada a llevar el pelo suelto, lacio y un tanto rebelde en las puntas, curvadas con cierto desorden al rozar los hombros, no me reconozco con la melena engominada y recogida hacia atrás. No tengo expresividad en el rostro porque el moño está tan tirante que ahora mismo necesitaría un entrenador personal para conseguir parpadear dos veces seguidas. Además me he puesto unas gafas sin graduar, las más feas que encontré en un bazar chino, me he maquillado potenciando mi palidez, con las ojeras más acentuadas y he añadido algún granito extra para despistar... Me siento delante del fotomatón y permanezco seria. El resultado es horroroso, justo lo que necesitaba. Se parece más a un cartel de «se busca» que a una foto para solicitar un visado. Pero entrego esta foto, porque lo que pretendo es no parecerme en nada a cualquier imagen mía a la que las instituciones norcoreanas puedan tener acceso.

—Entrar en Corea del Norte es fácil —me aseguran mis intermediarios—. Si certificas que no trabajas en ningún medio de comunicación, que no te dedicas a la fotografía y que no has publicado ningún libro, no tendrás ningún problema.

En una máquina tragaperras, esto sería el premio gordo. Tres de tres. Trabajo en un medio de comunicación, he publicado un libro y he realizado algunas exposiciones fotográficas. Deduzco que las personas acostumbradas a preguntar, observar y difundir pequeños detalles no son bienvenidas. Para mí se convierte en un reto personal. Para Pau, mi compañero de vida, se convierte en una aventura. Si me dicen que sí, se viene conmigo. Para algunos de mis seres queridos es una preocupación. Para el resto del mundo, una locura.

Entrego toda la documentación casi seis meses antes del viaje, pero no importa la antelación, me comunicarán si puedo entrar o no al país cuatro días antes de mi llegada. Los intermediarios me recomiendan comprar los vuelos hasta Pekín con derecho de cancelación, o que me plantee un plan B por si al final no se me concede el acceso a Corea del Norte. A partir de este momento, solo puedo cruzar los dedos y esperar que en la embajada a nadie se le ocurra poner mi nombre en Google. Por eso he adjuntado la peor de mis fotos, así, si tienen dudas, siempre podré decir que esa chica que sale en Internet no soy yo, sino una que, qué casualidad, se llama igual.

Decidimos ir a Pekín con tiempo, una semana antes de la entrada en Corea del Norte. Una vez allí, sabremos si podemos pasar o no. Si no es posible, emplearemos nuestras vacaciones en recorrer China. Ese será nuestro plan B.

La reacción de la gente cuando indicamos nuestro destino es confusa. Casi nadie sabe mucho sobre Corea del Norte. Algunos conocen su estricto sistema político y a veces recuerdan algo que han oído en las noticias relacionado con el eje del mal, las armas nucleares o la estrambótica dinastía estalinista pero, por lo general, se sorprenden cuando detallamos algunas de las particularidades que tendremos que asumir. Por ejemplo, un turista no puede ir solo por la calle. No está permitido. Tiene que hacerlo acompañado de dos personas norcoreanas que serán sus responsables durante todo el viaje. El extranjero no puede salir del hotel a dar una vuelta, no puede comprar un billete de tren, no puede utilizar el transporte público, no puede subir a un taxi, no puede reservar alojamiento y tampoco puede elegir un restaurante donde comer... Todo, absolutamente todo, lo tiene que hacer previamente una agencia norcoreana autorizada. Es su manera de mantener al país aislado. Ellos te asignan un vehículo privado, un chófer y un mínimo de dos personas que te recibirán en el aeropuerto y pasarán a convertirse en tu sombra permanente hasta el final del viaje. Quieras o no quieras. Es imposible moverse por cuenta propia y es mejor no intentar comprobarlo. Son algunas de las recomendaciones que recibimos antes de llegar.

—¿Y qué hay en Corea del Norte? —me suelen preguntar.

Bien, no lo sé. Precisamente por eso quiero ir. No voy a hacer fotos a monumentos, aunque las haga. No voy a tomar el sol, no voy a relajarme. Voy a ver qué hay en Corea del Norte, o más concretamente, qué me dejan ver. Soy consciente de que el recorrido excluirá lo que el gobierno no quiera mostrar, tal y como pasaba con la China de Mao, el Japón de los años 40 o el Bután actual, donde tampoco está permitido viajar por libre. Pero quiero verlo. Quiero vivirlo. Quiero saber encontrar la belleza en un lugar aparentemente hostil. Y quiero saber responder esa pregunta a mi regreso.

Una vez en Pekín tratamos de ponernos en contacto con la embajada de Corea del Norte, sin éxito. Faltan cuatro días y aún no sabemos si tenemos o no tenemos visado. Nos dicen que volvamos al día siguiente, que el responsable al que estamos buscando no está disponible. Lo hacemos pero al día siguiente tampoco nos atienden. Ni siquiera nos dejan entrar en el edificio. Nuestros intermediarios insisten en que debemos volver una vez más a la embajada, pero solo nos queda un día para que salga nuestro vuelo. Y todavía no sabemos nada.

El señor Dong sale del taxi en Pekín como si fuese un agente de bolsa, algo atosigado, vestido con demasiada ropa para el calor que hace y sin dejar de hablar por el móvil. Lleva una carpeta mal cerrada llena de papeles que sobresalen y el pin reluciente con el rostro de Kim Il Sung. Es el primer norcoreano que veo en persona. Hasta ahora eran como una leyenda. Sabía que existían, que tenían que llevar el pin con el rostro de su amado y eterno presidente por obligación y algunas peculiaridades más, pero nunca había visto uno en persona. Es un detalle que me hace reflexionar. Cuando viajas a otros países es normal que hayas conocido antes a sus gentes que a su tierra. Cenar en un restaurante indio, comprar en una tienda de chinos, entablar conversación con unos pakistaníes, cruzarte por la calle con rumanos, senegaleses, angoleños, marroquíes, rusos o ecuatorianos, indicar una dirección a unas turistas italianas, o ver un espectáculo folklórico de músicos de Mali, por poner algunos ejemplos, son cosas cotidianas que todos hemos podido hacer sin salir de nuestra ciudad, pero... ¿Quién ha hablado con un norcoreano?

Dong cuelga el teléfono y se acerca a la puerta lateral de la embajada de Corea del Norte en Pekín. Allí permanecemos Pau y yo, que hemos sido los primeros en llegar, junto a algunos de los que serán nuestros compañeros de viaje. Dong pregunta por nuestros nombres y empieza a buscar la documentación correspondiente con sus manos sudadas. Saca papeles, los cambia de sitio, vuelve a meter algunas hojas, cambia de carpeta... Lo hace con la torpeza propia del que tiene prisa. No sé si ponerme a organizar su lío de papeles para terminar cuanto antes o quedarme inmóvil observando la escena. Mi cuerpo decide por mí, me paralizo cuando veo nuestros visados. Ya los tenemos. Mañana volamos a Corea del Norte.

2. La llegada

Puesto que estaremos varios días en un país que permanece cerrado veinticuatro horas al mundo exterior, mandamos algunos mensajes a nuestros seres queridos, ahora que todavía estamos en China y podemos utilizar el teléfono y el correo electrónico. Remarco la posdata: «Estaremos fuera el último día del mes. Si ese día no recibís ningún mensaje ni llamada por nuestra parte, por favor poneos en contacto con la embajada a través de Corea del Sur. Es posible que estemos retenidos. No tendremos forma de avisar, así que confiemos en que no suceda. Si salimos con normalidad, lo primero que haremos será hablar con vosotros, para tranquilizaros».

A las normas que nos habían indicado anteriormente por mail se suman algunas más. No se permiten cámaras de fotos profesionales, debemos especificar la marca y el modelo de la cámara que vamos a llevar, o bien adjuntar una foto de la misma, para ver si la consideran apta. Tampoco se permiten teléfonos móviles ni cámaras de video, hay restricciones con los ordenadores y siempre que hablemos del país tenemos que pronunciar y escribir República Democrática Popular de Corea o DPRK (las siglas, en inglés), nunca Corea del Norte. Cuando se nos pregunte por Corea del Sur, debemos referirnos solamente al Sur, y no mencionarlo como otro país. Sería una falta de respeto a nuestros anfitriones, nos indican. Para referirse al actual presidente, Kim Jong Il, lo más adecuado es utilizar «Querido Líder» o «Gran Líder». Si nos referimos a su padre y predecesor, Kim Il Sung, lo mejor es utilizar «Amado Líder» o «Eterno Presidente». Llamarles simplemente por su nombre se considera una deshonra.

En el aeropuerto de Pekín, a punto de salir, empiezo a ver más norcoreanos en el mostrador de facturación. Su tez es mucho más morena que la de los chinos, pero no tanto como la de los mongoles. Poseen ojos rasgados aunque no tanto como los japoneses. Son de escasa estatura, de cabello oscuro y de complexión delgada, pero el rasgo más distintivo, lo que les diferencia de cualquier vecino asiático, es el pin. Un pin con el rostro del Eterno Presidente, colocado cerca del corazón, tal y como determinan las estrictas normas norcoreanas. Si tengo dudas, miro hacia su solapa, y ahí está, siempre, su pin.

Me coloco detrás de un grupo de personas que parecen parte de un equipo deportivo, a juzgar por el chándal con el logo de la DPRK que llevan todos ellos. Me fijo en el pasaporte norcoreano, azul marino, del que tengo más cerca. Entre sus páginas, se encuentran impresos numerosos monumentos de Corea del Norte. Distingo su Arco de triunfo o la Torre Juché. Sobre esos monumentos se marcan los escasos sellos. Miro mi pasaporte y compruebo que lo que aparece entre mis páginas son dibujos de animales migratorios. Espero con curiosidad a que me estampen alguna firma, pero no. El visado norcoreano es una hoja aparte, blanca por delante y azul cyan por detrás, con esa horrible foto que preparé a conciencia, grapada en un extremo. Sellan esa hoja, pero el pasaporte lo dejan en blanco. En unos días no quedará ni rastro de mi paso por Corea del Norte.

El vuelo lo realizamos con Air Koryo, la única compañía aérea de la República Democrática Popular de Corea, que vuela semanalmente desde Pekín en China, y desde Vladivostok en Rusia. Son los dos únicos puntos para poder entrar a Corea del Norte por aire. Los prejuicios adquiridos al leer sobre mi destino se dispersan al comprobar que el avión en realidad no está casi destartalado, como lo describían algunos viajeros. Es amplio, cómodo e inspira seguridad. Tiene dos columnas de tres asientos cada una separadas por el pasillo central, la comida es abundante, el servicio excelente y los videos de karaoke me resultan bastante divertidos. El contenido es el mismo que el de los videos de karaoke occidentales, imágenes semi-idílicas de parejas en un parque mirando al infinito y cosas así, pero el montaje parece el de un video nupcial de los años ochenta, con recursos como el de superponer un primer plano de la protagonista en una esquina del plano general y hacer un fundido vaporoso, o el de intercalar pequeñas cortinillas y efectos especiales que parecen sacados de algún videoclip pasado de moda. Después de la sesión televisada de karaoke sale una actuación en directo de una cantante de pop norcoreana. Todas las personas que le acompañan en la banda son mujeres, la batería, la bajista, la guitarrista y tres chicas que llevan sintetizadores keytar, esos teclados adaptados para sujetarlos como si fueran una guitarra que estuvieron tan de moda entre los grupos de nueva ola en la década de los ochenta. El look también es acorde a esa década, con hombreras y el pelo cardado, pero lo mejor es la realización, que intercala pequeños recursos que ayudan a entender la canción. Por ejemplo, si están cantando sobre una tormenta, hacen un corta-pega con una imagen de archivo de un rayo y vuelven a la actuación. Me divierte mirarlo. Parece que es una cantante famosa porque veo a una norcoreana que tararea la melodía, e incluso a Pau se le acaba pegando el ritmo y mueve los dedos sin darse cuenta.

Y ya está. Ya hemos llegado. Ya puedo decir que he pisado suelo norcoreano. El aeropuerto de Pyongyang es sorprendentemente modesto, con dos o tres pequeños aviones en el exterior y una sola puerta de embarque. Nada que ver con el resto de construcciones megalómanas que abundan en la capital. Eso sí, un mosaico gigantesco con el rostro de Kim Il Sung se encarga de que todos sepamos a dónde hemos llegado, y muestra cuál va a ser la imagen más repetida a partir de este momento.

Aún estoy rellenando los diferentes formularios que nos han dado en el avión cuando un policía me quita los papeles de las manos.

—Perdona, están en blanco —me justifico—. Aún no había escrito nada.

—Da igual, si solo es un mero trámite. No hace falta que los completes —me indica sonriendo.

Uy. Pau ha estado más de veinte minutos rellenando el dichoso formulario, y resulta que ni lo miran. El primer norcoreano con el que he hablado es hasta simpático.

En la fila de control de pasaportes, un hombre de unos cuarenta y cinco años se dirige a nosotros.

—Os he oído hablar en castellano en el avión. ¿Sabéis? Me encanta ese idioma. Tengo que aprender a hablarlo mejor, porque realmente me gusta. He estado cuatro veces en España. Y también en Chile, México y Argentina. Por vuestro acento tenéis que ser españoles ¿verdad?

Estoy tan desconcertada que no sé si es un espía, un turista o uno de los guías que nos asigna el gobierno. Como no digo nada, continúa él.

—Me presento, mi nombre es Haruto. Vengo desde Japón para ver a unos amigos norcoreanos que tengo en Pyongyang.

—Encantados —digo tímidamente.

—¿Hotel Koryo o Yangakdoo?

—Si no hay cambios, creo que estamos en el Yangakdoo.

—Sí, los extranjeros se alojan invariablemente en uno o en otro. En algunas ocasiones los llevan al Sosan.

—¿Está usted también en el mismo hotel?

—No, pero he estado en visitas anteriores. Ya he perdido la cuenta de las veces que he venido a este país. Tantas que ahora no duermo en ningún hotel. Me quedo en casa de mis amigos norcoreanos.

—Pero... se supone que no está permitido alojar extranjeros... Si no se aloja en un hotel, ¿puede viajar por su cuenta? ¿Sin guías? ¿Sin control gubernamental?

Y en ese momento el policía del aeropuerto hace pasar a Haruto y yo me quedo en la sala de espera sin saber las respuestas. Qué oportuno, pienso. Sospecharía que ha sido adrede, de no ser porque realmente Haruto era el siguiente en la fila. Si lo que él dice es cierto, a lo mejor hay otra forma de ver el país. Una forma que solo el que ha estado muchas veces puede conocer y que se escapa de mis posibilidades. Hasta donde yo sé, los agentes asignados por el gobierno para acompañar al turista duermen en el mismo hotel que nosotros, aunque su casa familiar esté en la siguiente manzana. De esta forma pueden estar pendientes día y noche de lo que uno hace o deja de hacer. Si un turista quiere pasear a las tres de la madrugada fuera del hotel, el recepcionista avisará a su correspondiente guía a la habitación, y el turista saldrá, pero acompañado.

Trato de buscar de nuevo a Haruto cuando consigo pasar el control policial, llego a la cinta transportadora y hago un rápido rastreo con la mirada. Nada. Ha debido de recoger ya su equipaje. Se me empiezan a acumular preguntas y ni siquiera he salido del aeropuerto. Una voz femenina, en perfecto castellano, me hace girar.

—Hola, soy Kang. Os acompañaré durante vuestra estancia en la República Democrática Popular de Corea.

Kang tiene unos treinta y cinco años. Viste una falda por la rodilla, unos zapatos de tacón un tanto ortopédicos y una blusa de manga corta a juego con la falda. Todo en tonos muy discretos. En la blusa lleva enganchado el pin con el rostro sonriente de Kim Il Sung. Nuestra guía tiene unos ojos diminutos y a pesar de su sonrisa inicial, transmite autoridad. Se recoge su melena relativamente encrespada con un pasador y se vuelve a dirigir a nosotros.

—Solo una pregunta. ¿Lleváis teléfono móvil? ¿Sí? Dádmelo por favor. Os lo devolveré cuando salgáis del país.

Nada que no supiéramos. Los teléfonos móviles extranjeros son confiscados y precintados nada más llegar. Un método más para mantener a la nación aislada. Nada de llamadas, nada de Internet, nada de comunicación con el mundo exterior. Kang guarda nuestros teléfonos y nos invita a esperar fuera.

Para ello, debemos pasar por un nuevo detector de metales. Antes de que me dé tiempo a atravesarlo, justo cuando estoy debajo del arco, un policía me para y me pasa el detector manual, ese que en el resto del mundo utilizan una vez que ya has cruzado el arco y solo si se ha detectado algo metálico. Veo que el funcionamiento es igual con cada pasajero. No da tiempo a que el arco emita ningún pitido, porque los policías se adelantan. Levanto la vista mientras examinan a Pau, y me fijo en que en la parte superior del arco hay un interruptor en la posición de... OFF. Está apagado. Ninguno de los detectores del aeropuerto está funcionando, pero aún así, te obliga a formar una fila escrupulosamente ordenada y a pasar por debajo de unos arcos cuya única función, al menos hoy, es decorativa. Y aún es más surrealista el episodio del escáner. Tal y como nos indicaron previamente por mail, las cámaras profesionales y los teleobjetivos de más de 150 mm no están permitidos. Pero como íbamos a pasar unos días en China antes de llegar a Corea del Norte, decidí llevarme una cámara réflex con un teleobjetivo de 300 mm para hacer las fotos de Pekín y una cámara compacta menos voluminosa para hacer las fotos de la DPRK. Tenía claro que la réflex me la iban a retener y precintar en el aeropuerto, igual que el móvil, pero para eso llevaba la cámara pequeña. Para salir del paso. La cuestión es que en mi equipaje de mano llevo dos cámaras de fotos, una de las cuales, entre cuerpo y objetivos, ocupa la mitad de la bolsa, pero al pasar por el escáner, para mi sorpresa, nadie me dice nada. Dos viajeros después, es el turno de Pau, cuyo equipo fotográfico se limita a una minúscula cámara compacta tamaño estándar. Y de repente, le obligan a abrir la bolsa:

—Nos ha parecido ver en el escáner que en esa bolsa llevas una cámara de fotos. ¿Es así? —inquiere uno de los guardias.

—Sí, es esta —responde Pau mientras les enseña su pequeña cámara compacta.

—¡Ah! Es de las pequeñas, entonces no hay problema. ¡Siguiente!

¿Es posible que «vieran» la cámara pequeña de Pau, que cabe en una mano y no vieran las dos mías, que ocupan media maleta? ¿«Vieron» la cámara de Pau por el escáner, y no se dieron cuenta del tamaño hasta que la sacó de la bolsa? ¿Qué explicación puede tener? Me asomo discretamente para intentar entender el misterio, y veo que el guardia está mirando una pantalla... ¡en negro! ¡Todo el rato! El escáner también está apagado, al igual que el detector de metales, pero la cinta transportadora funciona, y todas las maletas tienen que pasar por allí obligatoriamente, aunque no se vea nada en la pantalla. Así que su sistema real es el de parar aleatoriamente alguna maleta y preguntar por algo que casi todos los turistas llevamos, como son las cámaras de fotos, indicando que les ha parecido «ver» a través del escáner que hay material fotográfico. Puede que no sea su funcionamiento habitual y haya sido un corte de luz, no lo dudo, pero ¿no sería más lógico evitarse el teatrillo? Me da la impresión de que el país funciona más o menos como los policías del aeropuerto. Lo importante no es hacer algo, sino que lo parezca. No hace falta vigilar demasiado a quien se cree que está siempre vigilado.

En el exterior cae una fina llovizna que tiñe el ambiente de tonos grisáceos. Varios autobuses esperan a sus respectivos grupos de turistas. El nuestro es de color crema y tiene capacidad para unas cincuenta personas. ¿Tantos turistas estábamos en el vuelo? Pau y yo permanecemos un rato solos dentro del autobús y no pasa nada. Nada. No sube nadie, ni el conductor ni ningún pasajero. Cuando llevamos una hora y el resto de los autobuses se dispersan, decidimos preguntar. Kang está en la salida del aeropuerto.

—¿Está todo bien? —comienza Pau—. Vemos que el parking se vacía, y no sabemos si ocurre algo. Y como en nuestra reserva aparece el nombre de una agencia que no se corresponde con el nombre que aparece en el lateral del autobús, bueno, queríamos asegurarnos de que estamos en el grupo correcto.

—No conozco esta agencia que sale en su reserva —contesta sujetando con las dos manos el papel que le ha ofrecido Pau—, pero éste es su autobús, eso seguro.

—¿No conoce esta agencia? Pensaba que no había muchas autorizadas a realizar viajes aquí...

—De hecho solo hay tres. No somos tantos los que nos dedicamos a esto. Los intermediarios que están en el extranjero pueden llamar a su agencia como quieran, que si incluyen un viaje a nuestro país, lo harán obligatoriamente subcontratando el circuito programado a una de las tres oficiales que están aquí, en este caso la nuestra. A la empresa en la que yo trabajo llegan peticiones de decenas de agencias del resto del mundo, de las que no tengo ni idea de sus nombres. Por eso es posible ver en un mismo grupo personas de distintos países, que han reservado con distintas agencias y que incluso han pagado precios diferentes, más del doble en ocasiones, para hacer el mismo viaje. Porque los intermediarios hacen lo que quieren, pero el viaje real lo organizamos nosotros, no ellos.

Kang habla muy bien el español. No tiene un acento demasiado oriental, e incluso se permite expresiones más propias de la jerga diaria que la de una agente gubernamental. Habla de forma firme, pero sonriente, seria pero cercana. Acaba de decir que algunas empresas extranjeras estafan a sus clientes doblando el precio del viaje, pero dicho con esa dulzura, ni parece que haya acusado a nadie. Y lo cierto es que al preparar el viaje, sí que me llamó la atención la diferencia de precio al cambiar de agencia por realizar el mismo itinerario en los mismos días. Estaba convencida de que el desorbitado aumento se debía a algún tipo de comodidad extra, como hoteles o restaurantes de mayor calidad, pero parece ser que todos estamos en el mismo hotel, comemos en los mismos restaurantes y viajamos en el mismo autobús.

Un tipo con aspecto de bonachón llega a donde estamos Pau y yo. Es obeso, rondará los cincuenta años, lleva una poblada barba blanca y unas gafas resbaladizas que mantienen el equilibrio al final de su nariz. Lo más característico es su forma de andar, con las puntas de los pies separadas, como las bailarinas de ballet que son capaces de colocar los pies en una sola línea perpendicular al cuerpo.

—¡Hola pareja! Me llamo Sebastien. ¿Solo estamos nosotros tres?

—Al menos por ahora.

—¿Venís juntos?

—Sí, desde España.

—Oh, he estado varias veces en España. Bonitas playas, me gusta mucho Mallorca. Yo vengo de Bélgica ¿La conocéis?

—Hemos estado un par de veces. Unos chocolates exquisitos.

—Mmm, no me habléis de chocolate. Es una perdición para los que nos gusta el dulce, como a mí.

Una mujer de unos cuarenta y cinco años irrumpe en nuestra conversación.

—Ché, que bueno que llegué. Es la primera vez que viajo sola y no sabía si iba a encontrar el autobús. Es que mira que me gusta viajar, pero hasta ahora lo he hecho siempre en grupo y entonces, pues claro, esto es diferente, pero a ver si sale bien, yo espero que sí porque, ay, que no les dije nada, me llamo Marina, por si se lo preguntan. Esto es una locura de viaje, pero bueno, estar soltera y sin hijos me permite lanzarme a estas aventuras... ¿Cómo están?

Marina es argentina, le delata el acento. Es muy bajita, de ojos pequeños y una media melena de color castaño oscuro con el pelo liso y abundante. Sebastien no ha entendido nada, puesto que Marina ha entrado atropelladamente hablando en castellano. A mí me hace ilusión saber que puedo utilizar mi idioma natal con alguien en el grupo. Una vez hechas las presentaciones, pasamos al inglés para podernos entender entre nosotros. Marina parece una mujer llena de energía.

—¿Saben qué voy a hacer en cuanto termine este viaje? Largarme a Corea del Sur. Sí. Pero no digan nada ¿eh? Desde el Norte no puedes viajar al Sur, así que tengo que volver a China y desde ahí volar a Seúl, sin decirles nada ni a los chinos ni a los coreanos. Es que he pensado que ya que me voy tan lejos de mi país, aprovecho y veo las dos partes de esta Corea dividida, que seguro que me da para reflexionar durante una buena temporada. De todos modos, ni palabra de que voy al Sur, claro. Ya me han dicho que aquí evite mencionarlo. Y lo mismo en el Sur, mejor que no diga de donde vengo porque...

Encadena sus palabras como si tuviera que expresar todo lo que le pasa por la cabeza en voz alta. Habla deprisa y sin mirar a nadie, no espera ninguna interacción por nuestra parte, solo convencerse de que todo va a ir bien.

—... entonces no sé si pedir traslado al aeropuerto o no cuando llegue, porque claro, si solo hay dos horas de tiempo y luego no vienen, imagínate qué hago yo, pero estoy segura de que irá bien, sí, tiene que ser así...

Se unen varias personas de golpe y, sin tiempo para saludar, subimos al autobús que arranca inmediatamente. Cuento los pasajeros. Somos siete. Más dos guías. Quedan más de cuarenta plazas libres.

—Hola amigos —Kang nos habla en inglés por el micrófono del autobús—. Mi nombre es Kang y os acompañaré durante este viaje. Detrás está Kim, también de la agencia de viajes. Seremos vuestros guías. El conductor se llama Kim, el mismo nombre que el guía. Antes de llegar al hotel, os quiero explicar brevemente unas sencillas normas.

»Una: Como sabéis, no está permitido salir del hotel sin nosotros, así que si queréis dar una vuelta, o tomar un poco de aire, nos lo decís y os acompañaremos fuera. No importa la hora que sea, os acompañaremos encantados, pero nunca salgáis solos. Por vuestra seguridad.

»Dos: Está prohibido hacer fotos a los soldados y a los puntos militares, incluidos los camiones que nos podamos cruzar por la calle o por la carretera. Sed muy cuidadosos en este tema, por favor. No fotografíen a ninguna persona sin haberle pedido permiso previamente. Siempre, siempre debemos preguntar primero. Nosotros mismos os podemos ayudar, pero no hagáis la foto sin permiso.

»Tres: Es posible que durante vuestra estancia en la Republica Democrática Popular de Corea compréis algún periódico. Bien, no se pueden doblar las hojas donde salga una foto de nuestro Querido Líder, su imagen no puede quedar dañada de ninguna manera, y por supuesto, tampoco se pueden romper o tirar a la papelera. Sería una gran ofensa para nuestro pueblo. Si no queréis guardarlo, podéis dejarlo encima de la mesa en vuestra habitación y nosotros lo recogeremos. Cualquier duda que tengáis, siempre preguntadnos primero.»

Así que tenemos dos guías y un chófer para siete personas en un autobús de cincuenta plazas, y unas normas que incluyen no doblar el periódico. Nunca se me hubiera ocurrido como motivo de ofensa.

Kim, el otro guía, es un tipo de unos veinticinco años, pelo muy corto y muy abundante, ojos saltones, tez morena y gestos muy expresivos. Está sentado justo en el asiento detrás del mío, así que trato de empezar una conversación en inglés.

—Hola Kim. Creo que tu nombre es el más extendido en todo el país ¿no?

—Sí —me responde en castellano—. Aunque Kim en realidad es un apellido.

Por un momento me sorprende que también se me dirija en castellano. Cuando nuestros intermediarios nos preguntaron por el idioma que preferíamos que hablasen nuestros inevitables guías gubernamentales, indicamos que en inglés, puesto que tanto Pau como yo lo entendemos sin dificultad. Pero curiosamente, tanto Kim como Kang hablan inglés... y castellano. Esto es Corea del Norte, donde la misión de nuestros guías está más relacionada con el control y la vigilancia de los extranjeros, que con la explicación de los datos histórico—artísticos de los monumentos. Así que, habiendo llegado a esa conclusión, continúo la conversación en castellano.

—Entiendo, por eso hay hombres y mujeres llamados Kim, es un apellido, no hay género masculino y femenino.

—Eeeeeso es. Nuestro nombre completo consta de tres partes. Por ponerte un ejemplo fácil, nuestro Amado Líder: Kim Il Sung. Kim es el primer apellido, y pasa de padres a hijos por la vía paterna. Nuestro Eterno Presidente tuvo dos hijos, el Querido Líder Kim Jong Il y su hermana Kim Kyong Hui ¿veeees? El apellido se mantiene, sea niño o niña, y el resto son nombres a elección de los padres. Pero lo habitual es que se nos conozca por nuestro primer apellido.

Kim habla castellano alargando mucho las vocales y saltándose consonantes, con un acento contagioso que consigue abriendo mucho la boca al hablar. Es divertido oírle.

—¿Y cómo es que sabes castellano?

—Porque lo aprendí en Cuba. Estudié allí unos años.

—Por eso tienes ese acento —indico sonriendo—. Es bonito, es una mezcla de español con acento coreano con acento cubano. ¿Te gustó Cuba?

—Sí, claaaro —responde alargando tanto la a con una expresividad que acabará siendo característica en sus conversaciones—. Me gustó mucho. Para mí fue como un premio.

—¿Un premio?

—Sí, un premio poder ir allí. El gobierno me eligió. A mí.

—¿Fidel?

—Noooo, el Eterno Presidente —me río al pensar en que hace algunos años, muchos hubieran definido así también a Fidel Castro—. No todos los estudiantes pueden salir del país. Eso es un premio reservado a los mejores. Yo tenía un grupo de apoyo al gobierno norcoreano, y por aquel entonces lideraba un colectivo estudiantil kimilsunista. El gobierno valoró mi actitud y consideró que yo era de los que podía aprender más, por eso estudié en Cuba, varios años.

—¿Y guardas buenos amigos de entonces?

—Sí, sí... buenos amigos.

—¿Cubanos?

—Claaaro.

—¿Y puedes seguir hablando con ellos?

—...

—¿Kim?

Kim se echa para atrás en el asiento, y gira la mirada hacia la ventana. No me contesta, ni lleva intención de hacerlo. Creo que esa es su forma de decirme que no quiere seguir hablando de ese tema. No termino de entender su conversación. ¿Pueden irse a Cuba, ver el mundo exterior, y volver aquí como si nada a defender un régimen extremo? Cierto es que Cuba también está controlada por un sistema comunista, pero no están tan aislados como los norcoreanos. Hay turismo masivo, no como en la DPRK, pueden hablar con cualquiera que pase por la calle, no como en la DPRK, enterarse de lo que sucede fuera del país, no como en la DPRK, y eso significa que él ha podido ver Corea del Norte desde fuera. Si puede seguir hablando con sus amigos cubanos... ¿no puede saber más de lo que le está permitido saber? Pero como acabamos de llegar, no insisto más de la cuenta y dejo la conversación en el aire.

Justo a mi izquierda, al otro lado del pasillo central del autobús hay un tipo joven y enfermizamente delgado. Tiene una melena lacia y castaña que le da un aspecto afeminado, una nariz puntiaguda y un rostro pálido e imberbe que le hace parecer un personaje de ficción, casi fantasmal. Él mismo se presenta.

—Disculpa. ¿En qué idioma estabas hablando con el guía?
—En castellano.
—¿Eres española?
—Eso es. Los dos lo somos, te presento a Pau, mi pareja.
—Encantado, yo soy Jason. Vivo en Estados Unidos. Y sí, antes de que me lo preguntéis, ya sé lo que piensan aquí de mi país, me van a mirar con odio, es algo que asumo. No me importa. Quiero comprobar yo mismo si Corea del Norte es como parece. ¿Conocéis a alguien más del grupo? Yo he sido el último en subir.
—Solo a dos más. Marina, la mujer que está leyendo esa revista de viajes, es argentina y parece bastante habladora. Y también hemos coincidido con Sebastien, que es belga.
—¿El de barba?
—Sí.
—¿Y la chica? ¿La conocéis?

En los asientos delanteros hay dos viajeros más, un hombre de unos sesenta años casi tan enorme en altura como en anchura y una jovencísima chica de melena rubia que se adivina bastante guapa.

—No, habéis subido a la vez en el último momento. Ahora imagino que nos presentaremos todos, en cuanto lleguemos al hotel.

El trayecto hasta el centro de la ciudad es rápido, apenas veinticuatro kilómetros desde el aeropuerto. Me acompaña un paisaje sombrío interrumpido por resbaladizas gotas de lluvia que patinan por el cristal de mi ventanilla, casas monótonas, cemento gris acumulado en bloques de líneas rectas y calles asépticas donde todo está limpio. Orden. Es la primera palabra que se cruza en mi mente al observar la ciudad.

En la recepción del hotel, Kang reparte las llaves de cada una de las habitaciones. El hotel Yangakdoo es un cinco estrellas con cuarenta y siete plantas, restaurante giratorio en la azotea, sauna, piscina, sala de billar, de masajes, ping—pong, bolera, karaoke, peluquería, tienda, librería y mil extras más que hacen que te sientas en una burbuja aislada dentro de la burbuja aún más aislada que es Corea del Norte. Y para aislarnos del todo, el hotel está en una pequeña isla sobre el río Dedong, así que si quisiéramos salir a dar una vuelta alrededor del hotel, por ejemplo, no vería más que agua y algunos edificios lejanos al otro lado de la orilla. No hay vida en el islote. Apenas un modesto campo de fútbol, un centro cinematográfico y el hotel. El hotel para extranjeros. Todos bajo control.

—Tenéis veinte minutos para dejar el equipaje, y nos iremos rápidamente a ver el espectáculo del Palacio de los Niños —anuncia Kang—. Os espero en recepción.

—¿No había que entregar unas flores? —pregunto en voz alta. Los pocos relatos de viajeros que había leído hasta la fecha, insistían en ese detalle. Nada más llegar, justo al salir del aeropuerto, había que mostrar los respetos al Líder ante una estatua gigante que recibe miles de flores diariamente. El extranjero es llevado hasta la estatua y debe comenzar la visita al país con una reverencia y un ramo de flores como ofrenda. Creía que era algo muy estricto, y que era imprescindible hacerlo al comenzar el viaje.

—Otro día. Hoy no nos da tiempo, la actuación comienza a las ocho en punto, y antes hemos de pasar por las aulas. Venga, venga, daos prisa.

Empleamos la mitad de nuestros veinte minutos en esperar el ascensor. La opción de subir a pie queda eliminada al comprobar que estamos en el piso cuarenta y uno. Así que dejamos el equipaje sin mirar apenas nuestra habitación y volvemos al autobús semivacío, sin presentaciones, sin flores y sin visita a la estatua. De momento.

Sigue lloviendo. Marina se coloca el bolso encima de la cabeza y atraviesa los diez metros que separan la puerta del hotel del vehículo. Pau da cuatro zancadas y sube por la empinada escalera de acceso al autobús. Kang espera al resto de compañeros en el hall del hotel mientras el chófer me hace una señal para indicarme que puedo subir cuando quiera. Prefiero esperar. Acabo de llegar a un país desconocido, y quiero sentir el aire, la lluvia, el exterior, el olor. Hace calor. Huele a humedad y a cemento, aunque de vez en cuando sopla el aire en otra dirección y arrastra un olor menos gris, como si cerca hubiese una frondosa arboleda, a pesar de que yo solo distingo un parking casi vacío, estampado con charcos recién nacidos.

Kang llega con el resto de viajeros, se sitúa en el primer asiento y permanece todo el trayecto hablando por un teléfono móvil de color negro, plano, moderno.

—Entonces —le comento a Kim al observar el detalle—, no es cierto que no tengáis telefonía móvil. Es lo que se dice en Occidente. Que no hay ni móviles ni Internet.

—En este viaje te darás cuenta de que en Occidente hay muchas mentiras sobre la República Democrática Popular de Corea. Claro que tenemos telefonía móvil. Lo estás viendo. Puedes volver a tu país y contarlo. Y también tenemos Internet, lo que pasa es que, por seguridad, el acceso está restringido a páginas exclusivamente norcoreanas. Y lo mismo con los teléfonos; tenemos aparatos fijos en casa y teléfonos móviles para trabajar, pero se rigen a través de un sistema interno que no coincide con el sistema extranjero. Lo usamos solo entre nosotros.

El autobús aparca en una gran avenida con rascacielos de color blanco a ambos lados. Kang guarda su teléfono móvil y se vuelve a repasar el peinado con las manos antes de invitarnos a subir las escaleras de acceso al recinto.

El Palacio de los Niños es uno de esos lugares obligatorios para los extranjeros que acceden a este impenetrable país. Simplemente, no se puede prescindir de esta visita. El gobierno la programa en todos los itinerarios. De hecho, Kang asegura que todos los turistas que están ahora mismo en Pyongyang se encuentran aquí. Eso hace que nos vayamos cruzando por los pasillos con grupos de una, dos, a veces hasta diez personas, siempre con sus respectivos guías, mientras pasamos de aula en aula para comprobar el talento desmedido de los pequeños norcoreanos. El procedimiento es igual en cada caso. Entramos en un aula cualquiera, unos niños uniformados, cuyas edades oscilan entre los seis y diecisiete años, nos reciben con una sonrisa extrema, con las dos hileras de dientes unidas y siempre con los labios separados. Ningún niño sonríe de otra manera en este lugar. Produce una sensación difícil de explicar, parecen felices, sí, pero tan idénticamente felices que la escena se transforma en una imagen ilógica. Podría ser un dibujo. Es como si sonreír fuese otra asignatura más, en la que todos los alumnos han sacado un sobresaliente. Alguien da la señal de inicio y comienza un pequeño ensayo de acordeón. Cuando finaliza la canción, nos despiden con la misma sonrisa exacta y nos llevan al aula contigua. Esta vez es para deleitarnos con una muestra de piano. Otros cinco minutos. Sonrisas. Otra clase. Chelo. Lo mismo. Taekwondo. Lo mismo. Caligrafía, bordado, canto, instrumentos tradicionales... en cada clase hay unos quince alumnos que responden milimétricamente a las órdenes del maestro o la maestra de turno. Son niños que reciben un entrenamiento tan estricto que se convierten en auténticos fuera de serie. Niños de talento ilimitado que tocan, cantan, bailan o dibujan como nadie. Niños que no son revoltosos, que no se salen de la norma, niños robots que se mueven solo si hay que moverse. Todos concentrados en no bajar la guardia, en no perder esa mueca de felicidad idéntica. Todos mostrando sus aptitudes a los grupos de turistas que deambulamos como si estuviéramos en un zoo, admirando la belleza de jaula en jaula.

Una vez terminado el recorrido, nos citan en el salón de actos. Los alumnos más avanzados de cada disciplina van a realizar un espectáculo para nosotros. Primero sale una encantadora presentadora, luego canto, violín, piano, música moderna... es como la típica fiesta de fin de curso que se celebra en las escuelas, con la diferencia de que aquí una chica de doce años te hace dudar de la rapidez de Paganini al violín. Se trata de verdaderos superdotados. El espectáculo nos deja con la boca abierta constantemente. Tres niñas, que en realidad son seis, realizan una coreografía en un falso espejo tan exacta que todos pensamos que el espejo es real. Pero no, solo es el marco, las chicas se colocan unas en frente de otras, haciendo acrobacias exactamente iguales, saltos que alcanzan la misma altura y hasta los parpadeos de ojos los realizan al mismo tiempo. Sale una banda de rock con batería, bajos Fender (creación de Estados Unidos), guitarras Yamaha y teclados Korg o Roland (marcas de su otro país enemigo, Japón) que sería la envidia de grupos consolidados mundialmente. Hay bailes, cantos, danza, música tradicional, música moderna, una niña que coloca un delicado jarrón de porcelana sobre su cabeza y comienza a dar vueltas y más vueltas sobre sí misma sin que el jarrón se tambalee, piruetas, saltos, acrobacias... todo con un nivel de ejecución que haría sentirse ridículo a más de un ídolo de masas en una disciplina similar en el mundo occidental.

Kang explica que estas actividades las realizan de forma voluntaria cuando terminan las clases, como parte de sus actividades extraescolares. Si alguien destaca en un campo concreto, potenciaran sus cualidades hasta el agotamiento.

Cuando salgo, aún impresionada por lo que he visto, me cruzo con las madres que esperan orgullosas a sus hijos e hijas. Intercambian sonrisas mucho más naturales que las que hemos visto en el espectáculo, abrazan a sus pequeños e incluso les dejan que se acerquen a nosotros si queremos hacer alguna foto. Es una escena tan «normal» que me asombra, porque no se parece a lo que había leído. Esperaba una mirada de recelo ante los malvados capitalistas extranjeros e incluso trabas para hacer fotos, pero hoy parece ser el día internacional de la sonrisa. Todo son facilidades.

Kang y Kim nos acompañan a cenar al restaurante número 2 del hotel Yangakdoo. Siempre me resulta curioso revivir lo escrito por viajeros anteriores. La tortuga, la famosa tortuga que tan bien aparece descrita en el cómic *Pyongyang* de Guy Delisle, sigue ajena a las rígidas normas de este país extremo, aleteando al lado de un esturión en los escasos metros que el acuario le permite. Una vez dentro del restaurante, los guías nos dejan a solas por primera vez. Podemos hablar de lo que queramos, nadie nos vigila... creemos.

—Dicen que hay cámaras ocultas en todas partes —avisa Jason, el famélico estadounidense, mirando hacia los lados—. Yo no las he visto, pero por si acaso, mejor que seamos cuidadosos con nuestros comentarios.

—Yo no imaginaba este control. Madre mía, para hacer una llamada, los miembros de la GESTAPO a su lado son meros aprendices, lo que yo te diga —continúa Marina.

—¿Has hecho una llamada desde aquí? —preguntamos varios a la vez. Dábamos por hecho que era imposible. En los trámites previos se nos indicaba que el móvil era confiscado durante todo el viaje, que no era posible el acceso a Internet y que tampoco se permitían las llamadas internacionales. Por eso nos sorprende.

—Sí, nada más llegar, antes de ir al circo ese al que nos han llevado. Ojo, que me ha encantado ¿eh? En fin, a lo que íbamos, pues como en cualquier viaje, me gusta avisar en casa de que he llegado bien. ¿No lo hacéis vosotros? Ya sé que este no es «cualquier viaje», pero yo a mi familia la llamo siempre para que no se preocupen. Y la familia es la familia aquí o en Honolulú. Bueno, la cuestión es que vaya con el interrogatorio que me han hecho. Que si trabajo para algún medio de comunicación, que les tengo que escribir el nombre, dirección y teléfono de mi empresa, que deben hacer unas comprobaciones antes de dejarme llamar, que cuál es la relación que mantengo con la persona que voy a llamar, que cuánto rato voy a estar... ¡madre mía! He gastado más tiempo con los interminables permisos para llamar que con la llamada. Así que nada, solo les he dicho que ya estamos aquí, que estoy bien y he colgado. Cualquiera se atreve a más. Y delante de ellos, claro. Iba a preguntarles por el uso de Internet pero se me han quitado las ganas.

—¿Es que se puede usar Internet? —pregunta Sebastien.

—Bueno —retoma Jason— por lo que he estado mirando hay un servicio de Internet solo para los clientes extranjeros que se alojan en este hotel. He recabado algo de información y parece que su sistema es bastante rudimentario. Al preguntarles por la velocidad de transmisión, me han respondido que su conexión es de ¡seis kilobytes!

—¿Eso es mucho o poco? —pregunta Marina— soy una negada para estos temas.

—¡Es ridículo! —continúa el americano—. Para los no entendidos, cuando en Occidente aún no trabajábamos con ADSL y la conexión a Internet la hacíamos a través de un módem, éste funcionaba a cincuenta y seis kilobytes, casi diez veces más deprisa que lo que nos ofrecen aquí. Poco a poco fue aumentando la velocidad, y ahora la mayoría de empresas trabajan con velocidades de tres megas, e incluso hay ofertas de ADSL a cincuenta megas. Teniendo en cuenta que un mega equivale a mil kilobytes, ya podéis imaginar la diferencia de velocidad entre unos ordenadores y otros. Y la tarificación es quizá la más cara que haya visto antes, ¡seis euros el minuto! Con esa velocidad, puedes gastarte unos sesenta euros sin haber conseguido abrir la página de inicio de tu correo electrónico. No te digo ya si quieres llegar a leer los mensajes. Aparte, claro está, de que todo lo que leas y escribas lo tienes que hacer delante de alguien que supervise tu texto. En mi opinión es muy probable que ni siquiera funcione, pero queda tan moderno el hotel con el cartel de «servicio de Internet...» Por cierto, yo soy Jason. Por conocernos un poco mejor antes de seguir con la charla. Soy informático, por si no se nota.

Jason levanta una de las cejas esperando que continuemos la ronda de presentaciones.

—Bien, pues yo soy Horacio —comienza el hombre mayor que está a su derecha—. Soy mexicano pero debido a mi oficio de arquitecto he vivido en muchos lugares del planeta. He trabajado durante toda mi vida, y ahora que estoy retirado y con dinero, quiero recorrer todos los países del mundo. Todos.

Horacio es un mexicano orondo, casi con aspecto de gigante no solo por la altura, sino por la cara extraña que tiene, llena de marcas en la piel, picada y con un ojo más grande que otro. Lleva la camisa y los pantalones llenos de manchas y algún descosido. Es peculiar. Podría parecer un mendigo y sin embargo asegura que el dinero no es un problema para él. Tiene el pelo gris, sucio y enredado y una voz profunda que aún le hace parecerse más a un troll que a un humano.

Y a pesar de la primera impresión terrorífica, tiene algo de enternecedor.

—Por eso estoy en Corea del Norte —continúa Horacio—. Me da igual cómo sea el país, yo quiero morir habiendo puesto un pie en cada uno de ellos.

—¡Vaya! ¿Y te quedan mucho por ver? —pregunta Marina.

—No, no demasiados. Ya he recorrido ciento setenta y cinco países. Y cuando salga de Corea del Norte tengo planeado visitar Mongolia y Myanmar. A finales de este año no me quedará más de una decena de países por ver.

—¿Siempre como turista? —le pregunto.

—Sí, esa es la idea.

—Lo digo porque hay algunos países de difícil acceso para el turista ¿no? Por ejemplo, en Arabia Saudí creo que solo conceden visado de trabajo o negocios, nunca de turista. Solo dan ese tipo de visados a los musulmanes acreditados que están en peregrinación a La Meca, previa demostración de sus intenciones, así que personas como tú y como yo tendríamos problemas para entrar... Intenté preparar un viaje allí, pero no pude conseguirlo.

—Sí, tienes razón. De hecho Arabia Saudí es uno de los pocos que me queda por ver, precisamente por eso, porque es muy difícil conseguir el visado. Pero como me estoy tomando tan en serio este proyecto creo que lo conseguiré. Tengo algunos amigos de mi época de arquitecto que me pueden facilitar contactos internos con el ministerio. Mi idea es intentar entrevistarme con alguno de ellos y conseguir entrar. En serio, este proyecto es lo que ocupa ahora todo mi tiempo. Quiero entrar en el libro Guinness de los récords.

—¿Sí? ¿Y en cuánto tiempo habrás visto todos los países?

—Bueno, llevo ya unos cuarenta años desde que empecé a viajar. Antes tenía que adaptarme a mis proyectos laborales. Ahora viajo más porque tengo más tiempo y más dinero. Mi único proyecto es ser la primera persona que ha estado en todos, todos los países del mundo.

Iba a decirle que llegaba tarde, que ese tiempo no le permite entrar en el libro Guinness. De hecho conozco a un español que lo hizo en unos veinte años, cuyo trabajo consistía en hacer fotos y redactar guías de viaje, lo que le permitía no tener que esperar a las vacaciones para abordar un nuevo destino. Recuerdo que entró a Arabia Saudí con visado de trabajo para hacer fotos profesionales para una revista. Alguna vez da conferencias sobre su experiencia en todos los países del mundo. Bien, pues ese hombre tampoco está en el Guinness y lo hizo en menos tiempo, pero decirle eso a Horacio a estas alturas de su proyecto sería como lanzarle un explosivo a la cara. Se le ve tan ilusionado que opto por no decir nada. Total, nadie le quitará la satisfacción de haber cumplido su reto, aparezca o no en los libros.

Una camarera interrumpe las presentaciones para traer un interminable desfile de platos. Hasta doce por persona llego a contar. Comida picante, arroz, fideos en caldo, verdura, salsa de soja, sopa de huevo, patatas fritas y sabor oriental dividido en doce pequeños cuencos. Al igual que en otros países orientales, se come con palillos, aunque aquí no son de madera como en la mayoría de restaurantes que hemos visto en China, sino de metal. Pedimos un poco de agua, y su primera respuesta es no. ¿No?

—Hay mucha cerveza —responde la camarera señalando los numerosos botellines que acompañan la comida.

—Ya, bueno, es que es posible que no todos queramos beber alcohol —señala Jason—, no puedo creer que la cerveza sea la bebida habitual en una comida tradicional. Si no es posible no pasa nada, pero si hay un poco de agua, personalmente lo agradezco.

Al cabo de un rato vuelve con un pequeño botellín individual, solo uno, a repartir entre siete. Eso da a un trago por persona más o menos. Al final, la mayoría bebe cerveza para ayudar a repartir mejor el agua.

La ronda de presentaciones continúa con el belga. Entre la barba blanca, los ojos claros, las gafas de metal plateado y la barriga, sería un candidato perfecto para ejercer de Papá Noel en las campañas navideñas de cualquier centro comercial.

—Yo soy Sebastien. Vivo sin trabajar porque he tenido la fortuna de tener unos padres ricos que me han dejado pisos y tierras. No tengo esposa ni hijos, así que vivo sin responsabilidades. Hoy estoy aquí. Y mañana ya veremos.

—Yo también estoy soltera y sin hijos —continua Marina—. Y como no tengo ningún vicio, pues mis ahorrillos los destino a viajar. Bueno, el único vicio que tengo es la cocina. Me encanta cocinar. Y porque aquí no hay posibilidad de hacer nada, que ya os digo yo que preparo el asado criollo como nadie. Os ibais a chupar los dedos, pero bueno, para cuando vengan a Argentina si es que vienen, ya les demostraré mis dotes culinarias.

Pau y yo también explicamos brevemente de dónde venimos y porqué nos llamó la atención Corea del Norte. La única que no ha hablado es la jovencita rubia que está esquinada en la mesa. Jason, que apunta maneras para convertirse en el líder del grupo, es el que le consigue sacar las primeras palabras.

—Bien, y tú, ¿no nos vas a decir tu nombre? Todos nos hemos presentado ya.

—Claro, sí, esto... Me llamo Irina, soy rusa y... bueno, me encanta la moda y... no sé, no me gusta mucho hablar.

Irina es la chica que ha llamado la atención a todo el sector masculino del viaje. Es una preciosidad que no tendrá más de veintiuno o veintidós años. Le gusta juguetear con su larga melena rubia, entornando los párpados en un gesto muy de película. Mueve las manos de forma delicada, dejando ver unas uñas perfectamente esmaltadas y enredando un mechón de pelo entre sus dedos. Es como estar con una actriz de Hollywood que mide cada uno de sus gestos, sabiéndose la más sensual. Ojos claros, tez pálida, voz de terciopelo, vestido rojo de escote pronunciado y unos zapatos de tacón a juego. Parece que haya venido a un concurso de modelos en vez de a Corea del Norte. Irina no vuelve a abrir la boca durante la cena, ni siquiera para comer.

La conversación continúa amigablemente mientras miro la botella vacía de agua norcoreana. La escritura del idioma coreano es muy distinta a la occidental, no consigo identificar ninguna palabra, así que examino los números, que siempre son más reconocibles. Busco algo que pueda parecer una fecha de caducidad, solo por curiosidad. Lo que leo me asusta... ¿2001? ¿Una botella que lleva años caducada? Ay, ay, ay... espero que ese sea el número de lote o algo así, porque creo que, si no, ya entiendo por qué solo nos ofrecían cerveza...

Subimos al piso cuarenta y uno tras la cena y nos organizamos, pensando en las posibles cámaras ocultas en el interior de las habitaciones de las que hablaba Jason. Si las hay, no están a la vista, desde luego. Repasamos floreros, lámparas y demás lugares sospechosos. Podría haber una cámara, o cinco o ninguna. Pau y yo recordamos los días previos al viaje, cuando al leer las restricciones fotográficas en el interior del país, me planteé llevar una pequeña cámara, oculta en un bolígrafo o algo similar, para poder captar alguna imagen «no oficial». Un día, al pasar por delante de una tienda especializada en Madrid, entramos a preguntar. El surtido consistía en cámaras de fotos, grabadoras de audio y de vídeo ocultas en relojes, corbatas, despertadores e incluso en un botón de la camisa. En la tienda me explicaron que sus principales clientes eran detectives, paparazzis y simples curiosos. Me decanté por un discreto bolígrafo con cámara de fotos que llevaba un sistema invisible a los escáneres de aeropuerto —los que funcionan—, pero al hablar con la dependienta y explicarle que era para poder hacer fotos en Corea del Norte, me advirtió que no era una buena idea.

—Si me dijeras en cualquier otro país, te lo vendería ahora mismo. Pero en Corea del Norte tendrás problemas. Básicamente porque se los compramos a ellos.

—No puedo creerlo. Están bajo bloqueo comercial, sus fronteras están cerradas ¿no?

—Oficialmente sí. Aunque también hay transacciones no oficiales, de las que nadie sabe nada. Te lo digo como recomendación, tú compra el bolígrafo o compra lo que quieras, yo te lo vendo, pero te puede perjudicar. Corea del Norte está llena de cámaras ocultas en bolígrafos y en material como el que ves en esta tienda. Ellos, mejor que nadie, conocen estos productos, porque los usan con sus propios habitantes.

Así que salí sin comprar nada, por si acaso decía la verdad. Por eso ahora que estoy en la habitación, hasta el reloj de pared me parece sospechoso. Me desnudo lejos del espejo de la habitación, que también me hace pensar que es una cámara y los besos y caricias con Pau nos los repartimos debajo de las sábanas, por si acaso. Sabía que lo mejor de venir con mi pareja, era que al menos disfrutaría de noches bonitas durante el viaje.

3. La frontera

—Lo primero es lo primero— decimos Pau y yo mientras nos fundimos en un abrazo. Es uno de nuestros rituales de pareja. Tenemos un montón. A lo largo de nuestros años de relación, hemos desarrollado algunos momentos de complicidad en los que los dos hacemos la misma tontería al mismo tiempo. Y aunque suene a estupidez, nos gusta ser estúpidos a la vez. Todos los días, al levantarnos, nos damos un abrazo en cuanto tocamos el suelo. Y siempre lo acompañamos con la misma frase. Ahora no recuerdo cómo empezaban los días antes de Pau.

La supuesta sirena con la que el gobierno despereza a sus habitantes a las seis de la mañana no suena en esta zona para extranjeros. O quizá mi sueño era tan profundo que no la he oído. Incluso es posible que no haya ninguna sirena.

Arrastro los pies hasta quedarme pegada a la ventana. La luz se deja caer con brusquedad sobre mis ojos entreabiertos mientras un par de bostezos involuntarios empañan ligeramente el cristal. Observo una ciudad que permanece escondida bajo las nubes. Desde nuestro piso cuarenta y uno solo se reconoce la torre Juché, el único edificio que, debido a su altura, traspasa la densa capa de niebla que oculta el resto de la capital. La imagen, además de muy pintoresca, me resulta especialmente representativa. Así se ve Corea del Norte en Occidente. Tapado, cerrado, lo único que se distingue desde fuera son las ideas del Líder asomándose con altivez.

Desayunamos en el restaurante número uno. Buffet libre y comida en abundancia. Según contaba Guy Delisle en su cómic, solo cuando se alojan diplomáticos extranjeros o llegan delegaciones concretas hay fruta y luz en todo el hotel... Debe de haber alguien importante entonces. Si nos basamos en el despliegue culinario, cuesta relacionar este menú con la escasez de comida que ha atravesado el país en los últimos años, con un periodo prolongado de hambruna que ha llevado a la muerte por inanición a miles de norcoreanos. Nuestros guías Kim y Kang aseguran que eso pertenece al pasado y que ahora hace tiempo que ya no hay problemas de comida. Claro que su versión sobre la vida en Corea del Norte casi siempre es igual de idílica, haya hambruna o no, así que sus palabras no aclaran demasiadas dudas.

Nos dispersamos en el autobús semivacío para empezar la jornada. Kang se sitúa en el primer asiento y Kim cierra el grupo. Tenemos casi cuatro horas de viaje hasta Panmunjom, donde se sitúa la polémica frontera con Corea del Sur. Es tan temprano que apenas hay luz. La niebla cede el paso a un paisaje verde opaco que oculta sus brillos hasta que salga el sol. Trato de conversar con Kim.

—Una pregunta, ¿estás casado?

—Síííí —siempre me hace sonreír cuando alarga tanto las vocales.

—¿Y cómo conociste a tu mujer?

—En Cuba.

—¡¿Estás casado con una cubana?!

—Noooo, ella es de aquí, norcoreana, pero fue a estudiar a Cuba, igual que yo. Me conoció allí... y... ¡me atrapó!

—Jajaja, ¿te atrapó? —Jason, Marina y Pau se acaban de unir a la conversación.

—Sííí, me cazó. Así —gesticula muy serio imitando un lazo que le rodea el cuello.

—Lo dices como si fuera algo horrible.

—Es que yo no quería estar con ella. Al menos al principio. Ahora no me queda más remedio. Pero es que las mujeres son muuuy listas.

—¡Por lo menos el chico es sincero! —interviene Marina sin dejar de reírse—. En lo de que somos listas te doy toda la razón. Ya sé lo que te pasó, a ti los ojos te harían chiribitas con las cubanas, me lo estoy imaginando, esa sensualidad que tienen, esa forma de apasionarse con la vida y con el sexo... y claro, enamorarte en Cuba de una norcoreana no era lo que buscabas, ¿eh? ¿Fue eso?

—Bueno, eeehhm, no sé qué decir. En realidad está bien así. Tenemos una hija. Eso está bien.

—Oh, qué lindo, una niña —continúa Marina— ¿Y queréis tener más hijos?

—No, no. Con una suficiente. Ya no quiero más.

—¿Y qué hacéis para evitar tener más? ¿Usáis anticonceptivos?

—¿Perdón?

—Si tenéis preservativos, parches, pastillas o cualquier método anticonceptivo para evitar el embarazo —sigue Marina—. ¿No has oído hablar de la píldora?

—Nooo —exclama con un gesto de extrañeza, levantando la ceja—. Nooo así como dices. No con pastillas. ¿Qué pastillas? Nosotros sabemos evitarlo sin pastillas.

Kang interrumpe la conversación para dirigirse a todo el grupo.

—Unos minutos de vuestra atención, por favor. Nuestro Eterno Presidente Kim Il Sung dedicó toda su vida a conseguir una Corea unida que desafortunadamente no llegó a ver en vida. Desde que nos liberó de la ocupación japonesa, en 1945, todos sus esfuerzos fueron constantes para ver a su pueblo unido. Sin embargo, por culpa de los americanos, esa reunificación todavía no se ha podido llevar a cabo. Hoy nos acercaremos a Panmunjom, la localidad fronteriza donde se han mantenido casi todas las conversaciones a favor de la reunificación. En los últimos años se han realizado numerosos acuerdos, firmas y tratados, pero surgen problemas que han provocado que por el momento sigamos separados a pesar de la voluntad de ambas partes. El primer acuerdo que se firmó establecía un gobierno común para las dos Coreas, puesto que aunque la ideología es diferente, somos hermanos, compartimos la misma sangre y la misma lengua, y eso tiene que ser más importante que cualquier otro pensamiento. Lo que sucedió es que los gobiernos eran tan distintos que ninguno quería ceder a favor del gobierno común, así que a pesar de los papeles firmados, la unión no fructificó. En 1994, se llegó a un nuevo acuerdo. Corea sería un único país con dos gobiernos independientes controlados por uno superior y neutral. Así cada uno podría mantener su ideología y a la vez podría solucionarse el problema de la separación. Por motivos ajenos a la República Democrática Popular de Corea, esa reunificación tampoco se llevó a cabo. A pesar de eso, se siguen manteniendo conversaciones y confiamos en poder abrazar pronto a nuestros hermanos. Os pido especial atención. Visitamos una zona delicada, y debéis pedirnos permiso siempre antes de hacer cualquier foto. Seguid nuestras órdenes y no os separéis en ningún momento del grupo, puesto que coincidiremos con otros turistas, por favor, os pido mucho cuidado en esta parte del viaje ¿de acuerdo?

Su tono es firme pero no excesivamente autoritario. Quizá porque complementa todas las frases con una sonrisa. Tras sus palabras, hacemos una breve parada en medio de la carretera, en lo que podría parecer una estación de servicio. ¿Lo es? No, no hay ningún surtidor de gasolina ni de ningún otro combustible.

—¿Dónde se puede encontrar combustible? —le pregunto directamente a Kim—. ¿Hay alguna gasolinera? No he visto ninguna en el camino.

—No, es que nosotros no tenemos el sistema que tienen ustedes. Aquí la gasolina no puede comprarla cualquiera. La proporciona el gobierno.

—¿Racionada?

—Sí. El gobierno solo da gasolina a las personas que trabajan con vehículos, como nuestro conductor, transportistas, etc. Ellos son los únicos que tienen acceso a determinada cantidad de combustible al mes, y lo guardan en sus casas hasta que se les termina.

—¿Tienen un carné especial?

—Sí, eeeso es. Así funcionamos más o menos.

La parada está en un paisaje lleno de abetos, zelkovas, tilos, olmos japoneses y cipreses plantados en una bonita armonía de verdes con las montañas al fondo. No tiene nada, más que un enorme edificio con unos baños dentro, y un par de tenderetes improvisados con agua y algunos souvenirs. ¡Souvenirs! ¿Eso no es muy capitalista? Hay sellos, algo de comida y algunos muñecos muy coloridos. Compro unos cacahuetes envasados al vacío. Como no está permitido usar el won coreano —es otra de las prohibiciones que te dejan clara al entrar— se paga directamente en moneda china, que aceptan sin reparos. Saco unos cuantos yuanes y compro el paquete de cacahuetes por un precio ridículo. Lo que costaría aquí un chicle o una chuchería. Una vez en el autobús examino la bolsa en busca de algo que se parezca a la fecha de caducidad. Bien, vamos avanzado, solo llevan caducados unos siete meses. Lo del agua era más escandaloso. Observo el paisaje por la ventanilla y me atrevo con los cacahuetes.

Circulamos por una autopista enorme. Doce carriles, seis a cada lado. Vacía. Un paraíso para conductores beodos. Nuestro autobús podría ir haciendo eses si quisiera porque no hay coches. No hay nada. Kim nos explica que los camiones circulan por carreteras secundarias y que por eso está tan vacía.

—¿Y los coches? ¿También por carreteras secundarias? —le pregunto a nuestro agente.

—Si quieren, pueden ir por carretera secundaria. Las carreteras secundarias están llenas.

—¿Llenas?

—Ten en cuenta que este país está siempre en estado de alarma. La guerra puede estallar en cualquier momento por culpa de los americanos. Nuestras carreteras están preparadas para que en cualquier momento los tanques puedan salir sobre ellas. Por eso no ves coches.

—Ya. La versión que yo había oído, además de la que me acabas de contar, es que tener un vehículo propio es un lujo reservado a los ricos, que son los altos cargos del régimen y algún diplomático, poco más. El norcoreano medio siempre se traslada a pie, y con suerte en bicicleta. Para hacerlo entre ciudades usan el tren porque apenas hay servicios de autobuses. Y que las carreteras secundarias están tan vacías como estas, porque nadie tiene dinero para tener un coche. Eso es lo que dicen en Occidente.

—No te creas nada de lo que dicen en Occidente. Casi siempre es mentira.

Antes de que pueda continuar con la conversación, Kang vuelve a coger el micrófono interno del autobús.

—Silencio por favor. Ahora entraremos en la zona desmilitarizada, la DMZ —advierte—. Esta zona es fruto de uno de los acuerdos entre el Norte y el Sur. Es la zona más cercana a la frontera, donde se decidió la prohibición del uso de armas en una franja de cuatro kilómetros hacia el Norte y hacia el Sur. En nuestra parte, se pueden observar a los campesinos, gente humilde sin armas, haciendo sus labores del campo. Sin embargo, en la parte Sur, los americanos acechan con las armas preparadas. Ellos no respetan el acuerdo, como siempre. Siempre son los americanos los que impiden la reunificación.

Kang mira de frente a Jason, el americano que viaja con nosotros, mientras dice las últimas palabras. Le sostiene la mirada, pero Jason reacciona con normalidad. Cualquier persona que viaje a Corea del Norte tiene muy claro que va a escuchar una versión de los hechos en la que el imperialismo norteamericano se sitúa en la cúspide de la maldad, seguidos de los japoneses y del resto de los países capitalistas. Lo más curioso en esta historia, de que ellos son buenos y no se saltan las normas mientras los americanos y capitalistas son malos y nunca las respetan, es que por la ventanilla yo estoy viendo soldados, no campesinos. Veo armas en la parte norcoreana de la zona desmilitarizada, mientras Kang insiste en que solo se pueden ver humildes campesinos que simplemente están ahí, cultivando sus huertas. Solo tenemos que girar la cabeza para comprobar que sus palabras no concuerdan con lo que se ve desde el autobús. Pero Kang, que puede girar la cabeza igual de bien que nosotros, no menciona los soldados. Insiste en que allí solo hay campesinos sin armas. Una mentira repetida mil veces se convierte en una verdad, decía Goebbels en pleno imperialismo nazi. Y parece que es lo que ocurre en Corea del Norte. De tanto decir que por la ventanilla solo se ven campesinos, los norcoreanos dejan de ver los trajes militares y las armas. Solo ven campesinos.

Llegamos a nuestro destino. Las consignas que se leen en esta zona se tornan más radicales: *¡Aniquilemos despiadadamente a los enemigos si se atreven a arrojarnos a su antojo y logremos la histórica causa de la reunificación de la patria!*, *¡Defendamos a costa de la vida al camarada Kim Jong Il con el triunfo del gran auge!*

Tenemos que estar muy atentos a los militares, nos dicen. Aquí sí que son visibles, incluso para Kang. No debemos fotografiarles bajo ningún concepto y hemos de esperar a que ellos nos indiquen cuándo pasar. Jason, Kim, Pau y yo somos los últimos en bajar del autobús, y por tanto, vamos un poco más alejados del resto.

—¿Eso de ahí son soldados? —pregunta Jason. —¡Qué vergüenza! ¡Pero si son niños!

Pau y yo nos giramos y vemos a dos adolescentes con uniforme militar empuñando sendas armas, agazapados al otro lado de un montículo de tierra que hay al margen de la carretera.

—No, no son niños. Ya son mayores —asegura Kim.

—¿Mayores? —continúa Jason—. ¿Qué es mayor para ti? ¿Doce años? ¡Dudo mucho que llegaran a quince!

Al ver que Jason no cree la supuesta mayoría de edad de los soldados que acabamos de ver, Kim nos sorprende cambiando de argumento.

—Puede que fueran jóvenes, no les he visto bien, en cualquier caso no son soldados. Seguro que son niños disfrazados. Llevan un uniforme de mentira. Eso es.

—¡Ja! —responde indignado Jason—. ¡He visto las armas, no son de mentira! ¿Te crees que estoy loco? ¿Te crees que me puedes engañar con la primera excusa que se te ocurra? No, ¡Yo sé lo que veo!

Pau y yo estamos escuchando la conversación sin participar. También hemos visto a los jóvenes soldados, pero los dos optamos por ver y callar, para evitar cualquier situación incómoda. Yo incluso dudo. En muchas zonas de Asia es difícil distinguir a un chico de veinticinco años de uno de quince. De piel tersa y rostros imberbes de forma mucho más prolongada que en Occidente, es habitual equivocarse con la edad, así que realmente no me sorprendería que los dos soldados de los que hablamos tuviesen dieciocho años. Más me sorprende la espantada de Kim. Mira de reojo a Jason y, sin decir nada, echa a correr hasta alcanzar al resto del grupo que va por delante. Y ya está. Cuando se le acaban las respuestas, simplemente se va.

En la zona donde estamos coincidimos con otros turistas y sus respectivos guías. Todos en autobuses de cuarenta y cincuenta plazas para grupos de seis o siete viajeros como máximo. Viendo el parking de autobuses parece que vayamos a estar en un evento masivo y, en realidad, apenas sumamos unas decenas. Si ahora nos hicieran una foto aérea, podría parecer que miles de extranjeros acuden diariamente a este polémico lugar.

Un cartel propagandístico de carácter idílico muestra el dibujo de un niño y una niña sonrientes ante el mapa de Corea del Norte y del Sur unidas, sobre un fondo rosa y un lema en letras blancas que subraya: ¡Por una Corea Unida! Le pregunto a Kim si podemos hacer fotos a ese cartel. Nos dice que sí, así que preparo mi cámara con naturalidad, cuando un soldado me interrumpe. Fotos no. Prohibido. Bien, la jerarquía norcoreana deja a los agentes del gobierno bastante por debajo de los militares, así que tiene mucho más peso la orden que me acaban de dar que el permiso de Kim. Guardo la cámara.

—Atención. Quiero los grupos de turistas divididos por filas —exhorta un militar de gesto imperturbable—. Uno detrás de otro, así, en una sola línea por favor. Que nadie se mueva hasta que yo indique lo contrario. Guardad las cámaras. Todos. Aquí está prohibido. Una vez que hayáis cruzado esta línea, las podréis volver a sacar. Cuando paséis la línea, no os paréis en ningún momento. Tampoco aceleréis ni reduzcáis el paso. Seguid con el mismo ritmo para no entorpecer a los demás ¿Entendido? ¡Pero solo cuando yo os lo diga!

Permanecemos inmóviles durante varios minutos, en los que entiendo un poco mejor a los soldados que son obligados a obedecer sin preguntar. El tiempo parece congelado, nadie habla con nadie y el gesto más habitual consiste en mirar hacia los lados o hacia los pies sin mover la cabeza, solo con la dirección de los ojos, mientras seguimos rígidos esperando órdenes. Entonces, el militar lanza un grito y da paso al primer grupo. Uno detrás de otro, con la vista clavada en el suelo. Llega nuestro turno, avanzo en fila india, sin pararme claro, puestos a pasar la vida en una cárcel, prefiero que no sea en Corea del Norte. El autobús nos espera al otro lado. Subimos de nuevo y llegamos hasta la sala donde se llevaron a cabo las negociaciones de armisticio de la guerra de Corea.

Nos recibe un soldado con la chaqueta llena de galones y una gorra militar tan grande que parece una sombrilla, evitando el sol en buena parte de la cara. Muy serio, comienza una conversación donde el nombre de Kim Il Sung se repite en cada frase. Nos invita a pasar a la sala principal, oscura a pesar de que cuenta con numerosas ventanas.

—En junio de 1951, a propuesta de la parte americana, se iniciaron las negociaciones de armisticio en la casa Rebongzang del barrio Koryo en la ciudad de Kaesong. La segunda ronda se efectuó, seis meses después, en esta sala. Este es el lugar que sirvió para estas actividades hasta la firma del acuerdo. Las mesas y las sillas que veis son las originales.

Si no se cruza ninguna nube, se puede vislumbrar algo que no sea penumbra. Pero solo cuando no hay nubes. El soldado silueteado nos conduce ahora hasta la sala del acuerdo del armisticio. Hay tres grandes mesas de madera cubiertas con un tapiz verde que les dan un aspecto de mesa de billar.

—Aquí se produjo la histórica firma que puso fin a la guerra entre Norte y Sur —comienza a relatar el soldado—. Cuando iban a concluirse las negociaciones y se planteó el problema de dónde se iba a firmar el acuerdo correspondiente, la parte norteamericana propuso armar una tienda de campaña al lado de la sala de negociaciones, para efectuar la ceremonia de la firma en un lugar neutral. Pero la parte de la República Democrática Popular de Corea levantó un edificio completo en un área de novecientos metros cuadrados en tan solo cinco días. Sí, amigos. El edificio que estamos pisando ahora mismo lo construimos nosotros, el admirable pueblo norcoreano, en apenas cinco días, mientras que los enemigos solo se atrevían a plantar una tienda improvisada —el hombre está tan emocionado con su versión, que incluso parece creíble—. Asombrados ante nuestra capacidad, los americanos aceptaron este edificio como espacio neutro para la firma. Y aquí es donde tuvo lugar la rúbrica del armisticio. Pero aún os puedo contar más. Como los responsables del Norte y del Sur no querían compartir la misma mesa, se optó por colocar tres mesas, una para cada bando, y la del centro, vacía, como mesa neutral. Si os fijáis, en la mesa de la izquierda hay una bandera de Corea del Norte. En la de la derecha, una bandera de la ONU. Los del Sur vinieron así, con una bandera que no les correspondía, presionados por los americanos. Nosotros, orgullosos de los avances, firmamos y recogimos el texto. Pero fijaos, nuestros enemigos sintieron tanta vergüenza en el momento de la firma, que ni siquiera se llevaron el texto del tratado. Lo firmaron y lo dejaron en la mesa, tal y como podéis observar. Evidentemente, entendemos su vergüenza. Habían perdido la guerra.

Esto, obviamente, son sus palabras. En el resto del mundo la versión que se conoce es distinta, no tiene por qué ser la verdadera, solo que nunca se ha hablado de victoria de Corea del Norte, sino más bien de un empate entre las dos Coreas, una pausa en la que no se determinan ni vencedores ni vencidos. Sé que no le habría sentado bien mi comentario occidental, así que me acerco sin abrir la boca hasta la mesa y veo las dos banderas y un libro relativamente fino encuadernado en rojo con letras amarillas donde se puede leer en inglés: «Acuerdo de armisticio. Volumen 1. Texto del acuerdo».

En el exterior, hay un monumento vertical de unos tres metros de ancho y dos de alto donde debemos parar para presentar nuestros fingidos respetos.

—Nuestro Eterno Presidente —retoma el guía soldado— luchó hasta los últimos minutos de su vida por ver su querida Corea unida. Tanto es así, que incluso el día antes de su desoladora muerte firmó algunos documentos para seguir trabajando en la reunificación. Lo que veis es una reproducción en piedra de su última firma, realizada el 7 de julio de 1994, tan solo un día antes de que sucediera su terrible e inesperada muerte, que en tanto dolor sumió al pueblo norcoreano. Esta firma, la última en vida, simboliza el amor inmenso que sentía por su pueblo y la lucha constante por vernos unidos. ¡Hizo tanto por nosotros!

El guía baja la cabeza, acentuando así su expresión de desasosiego ante el recuerdo de la muerte de Kim Il Sung. Al reducido grupo de turistas se incorpora un equipo de televisión norcoreano. El cámara nos graba a los turistas escuchando tan atentos como escépticos las explicaciones del soldado. Me fijo en su equipo, una cámara Sony relativamente moderna. Sony, una marca japonesa para realizar los servicios informativos de Corea del Norte. ¿No eran tan malos, malísimos los japoneses? ¿Qué hacen con una cámara fabricada por el supuesto enemigo del que tanto hablan? Se contradice con su cacareado sistema de autosuficiencia.

Mientras le doy vueltas a esta reflexión, el soldado y el equipo de televisión nos acompañan a la línea fronteriza. Hay siete casetas, cuatro grises y tres azules, atravesando la línea de forma perpendicular, como el dibujo de una cicatriz mal curada. Cada una pertenece a un país, excepto la que está justo en la mitad, azul, que según la hora del día es propiedad de un bando u otro. En el horario en el que está ocupada por el Norte queda terminantemente prohibido el acceso desde el Sur y viceversa. Un puñado de cables atraviesa la caseta por la mitad, a modo de continuación improvisada de la frontera que divide el exterior. Se trata de la Sala de Reunión de la Comisión del Armisticio militar, el lugar en el que, de forma ocasional, se ha permitido a las familias separadas por la guerra, reunirse momentáneamente. Son reuniones esporádicas y mediáticas, anunciadas a bombo y platillo por el gobierno norcoreano como muestra de su buena voluntad para unir a las dos Coreas. Se televisan encuentros dolorosamente emotivos, de familiares que llevan sesenta (¡sesenta!) años sin verse, y que en cuanto se apagan las cámaras son enviados de vuelta a sus hogares sin tiempo para despedidas, cuentan los que eligieron quedarse en el Sur.

Subimos a un edificio cercano desde donde se obtienen buenas vistas de la frontera. El terreno del Norte y del Sur a cada lado de la línea divisoria es diferente. Hay un bordillo de hormigón de cuarenta centímetros de ancho y siete de alto que recorre la línea central atravesada por las diferentes casetas. No se puede pisar esa franja de ninguna manera, bajo riesgo de disparo inmediato. O eso nos cuentan, no tengo la menor intención de comprobar si son capaces de disparar. Al Sur un terreno de gravilla ocupa la superficie hasta llegar a la perfecta y cuidada carretera que pasa por detrás. Al Norte, el suelo parece de tierra batida o incluso arena, dividido en rectángulos que me recuerdan a las zonas habilitadas para practicar el salto de longitud en las olimpiadas. Delante de esta superficie, en el lado Norte, discurre una carretera agrietada. Varios soldados armados permanecen vigilando la frontera. Visten el uniforme militar y en lugar de la gigantesca gorra visera, llevan cascos rígidos con estampado de camuflaje. Solo veo soldados en el lado Norte mirando hacia el Norte. Según la leyenda difundida en Occidente, si miran hacia su propio país en lugar de hacia el país vecino es para disparar a los posibles desertores que quieran escapar de Corea del Norte, antes que al enemigo extranjero. Desde el punto en el que estamos, podemos hacer todas las fotos que queramos. Hasta los guías y los soldados están más relajados y se unen sonrientes a nuestras fotos en la azotea para verse después en las pantallas digitales. Nadie diría que hace unos minutos estábamos en plena tensión. Irina aprovecha para hacerse una especie de book fotográfico, a juzgar por las decenas de posturas en las que pide que se le fotografíe. Ella de espaldas mirando la frontera, otra igual pero mirando a cámara, otra subiéndose —aún más— su minúscula falda vaquera. Otra recogiéndose su melena con los brazos levantados, mirando de perfil a la cámara. Es muchísimo más entretenido mirarla a ella que mirar a los aburridos soldados de la frontera.

4. La verdadera historia en palabras de Song

Casi todo lo que puedo ver sin censura previa en Corea del Norte es a través de la ventanilla del autobús. Nuestros guías se encargan de que solo paremos en lugares concretos donde todo es inusitadamente limpio y maravilloso. Por eso me gusta pegarme a la ventanilla en los trayectos largos y tratar de memorizar lo que aparece fugazmente durante el camino. Varios adultos se enjabonan en un riachuelo cercano a la carretera. Las mujeres lavan la ropa en las orillas y los niños también se enjabonan en ropa interior. Dos niñas de cara sucia se asoman por una verja oxidada. Una madre pasea encorvada con su hijo atado a la espalda. Un hombre circula por el arcén con su bicicleta sobrecargada y unos adolescentes permanecen en cuclillas mirando el paisaje.

Nuestra siguiente parada es Kaesong, a unos doscientos kilómetros al sur de Pyongyang, también cerca de la frontera surcoreana. Bajamos delante del Museo de Koryo, dedicado a la dinastía que regentó el país desde el año 913 hasta el 1300. Una mujer vestida con el traje tradicional norcoreano nos recibe con una sonrisa.

—Hola amigos. Mi nombre es Song. Quiero contaros la historia de nuestro amado país para que podáis apreciar mejor vuestra visita. Empezaremos por el principio. La historia es larga, puesto que esta parte de la tierra está habitada prácticamente desde la aparición del ser humano. Se podría decir casi sin exagerar que el origen del hombre, de lo que conocemos como *homo sapiens*, está aquí.

Mira que estamos mentalizados para no exagerar nuestras expresiones, pero el ataque de risa general ha podido con todo el grupo.

—¿Qué? ¿Qué estás diciendo? ¿Qué aquí surgió el primer *homo sapiens*? —Jason está llorando de risa—. ¡Venga ya! ¡Por favor!

—Hay varios objetos y huellas que demuestran que aquí hubo vida humana durante el periodo Paleolítico. Luego llegó el Neolítico y posteriormente la Edad de Bronce.

—Ya, eso es aquí y en todo el mundo —reacciona Jason alterado—. La división de etapas es correcta. Pero respecto al origen... Me parto de risa. Es en África donde se encontraron los restos humanos más antiguos. Los primeros restos de *homo sapiens* que se encontraron en Asia datan de hace unos 120.000 años, y eran emigrantes de África que cruzaron por Oriente Medio. En África estaban desde hace 300.000 años. Y hablamos de *homo sapiens*, claro. Si nos vamos al *australopitecus*, por ejemplo, Asia ni aparece entre los lugares donde se estableció. El famoso esqueleto de Lucy, encontrado en Etiopía, data de hace 3,2 millones de años. Qué, aquí ya teníais hasta la rueda inventada ¿no? Anda ya... Vigila lo que dices a los turistas, ¡pierdes toda la credibilidad!

—En todos esos periodos mencionados desde el Paleolítico hasta la *Edad de los Metales*, había humanos en Corea del Norte, y no en otras partes del mundo —continúa Song como si no nos hubiera escuchado. A Jason se le hincha la vena de la frente de desesperación, pero lo acaba dejando por imposible. Song sigue inmune a nuestras miradas—. Ya en el siglo X antes de Cristo, hay documentos que hablan de un lugar llamado Zoson, cuya traducción sería «el país de las mañanas serenas». Ese nombre derivó en la tierra de Kozoson, que ocupaba la región noroeste de la península coreana y las regiones vecinas de Liaodong y Liaoxi.

—¿Y después?— pregunta Sebastien, el belga.

—Hacia el siglo VII a.C. se fundaron los reinos de Buyo y de Zinguk, y un poco más tarde, en el siglo V a.C. el reino de Guryo. A esta época, que llegó hasta el siglo VII, se la conoció como la época de los tres reinos. En algunas zonas se desarrollaron nuevos estados feudales que acabaron siendo independientes. Estos fueron Kogurio, Bezke y Sinla. Más tarde se constituyó el poderoso Koryo, el primer estado centralizado unificado que duró casi 400 años y en el que está basado este museo. El nombre actual de Corea deriva precisamente de esta etapa, del reino de Koryo.

—¿Y cuando terminó este reino, qué pasó?

—A finales del siglo XIV, Koryo fue reemplazado por Rizo, el último estado feudal que duró unos quinientos años.

—Y llegamos a la era moderna...

—Sí, Corea se vio convertida en una colonia de los invasores japoneses. Cuando nuestro amado país se encontraba en el dilema de desaparecer definitivamente en manos de Japón o resucitar, numerosos habitantes demostraron su amor a la patria, tratando de salvar a la nación de su terrible destino de las formas más diversas. Por ejemplo, un habitante se fue a la lejana La Haya y delante de una importante conferencia internacional, se suicidó abriéndose el vientre con un puñal.

—¿Se hizo el harakiri? Pensaba que eso era algo reservado a los guerreros japoneses —ironiza Jason.

—Se formó un auténtico ejército de voluntarios —de nuevo Song parece no escuchar nada que no le interese— que pelearon con honor y fuerza por la independencia de Corea, pero todos fracasaron. Y entonces, en ese periodo de tragedia nacional, el general Kim Il Sung supo reconducir victoriosamente el destino del país tras una ardua guerra de guerrillas. En agosto de 1945, el Ejército Revolucionario Popular de Corea consiguió la liberación de la Patria al derrotar a los japoneses con la ayuda del ejército soviético.

—Sigue, sigue, es interesante tu visión.

—El 9 de septiembre de 1948 se fundó oficialmente la República Democrática Popular de Corea, con el general Kim Il Sung como Jefe de Estado. Lamentablemente, la construcción de una nueva sociedad en la parte Norte de la república fue interrumpida por la guerra de tres años provocada por los imperialistas norteamericanos y sus secuaces. En el periodo posbélico, el pueblo coreano aunó esfuerzos, y emprendió la construcción socialista en todos los aspectos. Hoy marchamos con energía hacia el triunfo completo del socialismo impulsando las revoluciones ideológica, técnica y cultural.

—Ejem... ya, claro. —ahora es Marina la que da su opinión— Me lo habría creído casi todo, de no ser porque la historia ha empezado tan del revés, que ya no sé cuándo has dicho datos oficiales y cuándo te los has inventado —la cara de Song y de nuestros guías permanece impasible, ni un solo gesto—. Pero muy bien explicado, sea verdad o sea mentira.

Me sorprenden los ataques de sinceridad que muestran algunos de mis compañeros. A pesar de las numerosas advertencias sobre la imposibilidad de expresar nuestra opinión, a ellos no les importa criticar en voz alta lo que no les gusta. También me sorprende que no pase nada. Algunas miradas desaprobatorias, un cambio de tema, y la mayoría de las veces, una ignorancia absoluta, como si nadie hubiese abierto la boca. Tras la singular lección de historia, paseamos por el museo. Hay una réplica de una tumba real. La original, nos cuentan, fue saqueada por los japoneses. Varias vitrinas muestran ropas de la época, utensilios y algunos carteles impactantes. Por ejemplo, aparece un mapa de una Corea sin frontera en el que se indican dónde quedan restos arquitectónicos de la dinastía Koryo en la actualidad. Es curioso, porque aunque no hay línea divisoria dibujada, la parte Norte aparece plagada de dibujos que indican que hay centenares y centenares de templos, monumentos, tumbas y esculturas originales en muchísimas ciudades, concentradas principalmente en la parte Oeste de la DPRK. Viendo ese mapa, si hacemos caso a los símbolos, uno debería salir a la calle y sentirse en un museo de obras de arte al aire libre. El Sur, sin embargo, aparece con una veintena de monumentos aislados y repartidos por todo el país, y dan a entender que en Corea del Sur no quedan apenas obras de arte de este periodo. La parte Sur no luce tan bonita como la parte Norte, insisten nuestros guías.

Otro cartel indica los precios de los esclavos durante esa época. Lo más caro era adquirir una mujer como esclava, puesto que podía tener hijos a los que convertir también en esclavos. Ordenados por precios, a la derecha de la mujer, aparece un hombre, después una anciana o niña, y lo más barato ancianos y niños. Por unas cincuenta monedas podías adquirir un niño como esclavo. Una vaca, según el cartel, costaba unas cuatrocientas monedas, ocho veces más.

El recinto del museo es bonito, ajardinado y con árboles gigantes y venerados a la entrada. Es agradable pasear por el exterior. Se me ocurre la brillante idea de ir al servicio, y compruebo que, literalmente, cientos de cucarachas y demás insectos han pensado lo mismo que yo, pero en su caso para quedarse a vivir en medio de una suciedad que asusta. Habiendo sobrevivido a algunos baños públicos chinos y a letrinas improvisadas en medio de la nada, no es que me intimide, es que me sorprende el contraste con la pulcritud extrema que muestran de puertas para fuera.

Paramos en un restaurante en Kaesong, siempre a elección de los guías, claro está. Uno no puede decidir dónde comer en Corea del Norte sin pasar por el control gubernamental. De nuevo la comida es excesivamente abundante y servida en una docena de platitos individuales con palillos de metal.

Todos hablan animadamente al ritmo que marcan Jason y Marina. El arquitecto mexicano, Horacio, no participa en la conversación porque permanece demasiado concentrado en la comida. Engulle los platos sin saborearlos. Poco hábil con el uso de los palillos, acaba cogiendo algunos de los alimentos con las manos, y su asiento se reconoce en un primer vistazo, porque está lleno de migas, salpicaduras de sopa y restos de comida. Es otro de los espectáculos gratuitos que me depara este viaje. Ver comer a Horacio podría generar un capítulo aparte. Los que parecen disfrutar más con los diferentes sabores, olores y texturas de la gastronomía norcoreana son Sebastien, el belga despistado, y Marina, la argentina. Los demás comemos lo que haya, sin pararnos a analizar demasiado los ingredientes que se han utilizado.

—Yo creo que Kim —cuchichea Marina— es un agente secreto. No hace más que vigilar todo lo que hago. Si me siento en un lado del autobús, se pone detrás, si me cambio de sitio, él se cambia de sitio, si escribo en mi bloc de notas, observa lo que estoy poniendo sin disimulo, si hago fotos me pide que se las enseñe... ¡parece un espía secreto!

—¿Secreto? —le responde Jason—. No es secreto. Nos espía a todos abiertamente. Queda claro que es un agente que está para controlarnos, sería secreto si se agazapara debajo de la mesa sin que te dieras cuenta.

—Vete a saber. ¡Igual está aquí debajo! —ríen todos.

—Lo que quiero decir es que tanto Kim como Kang están para lo que están. Para vigilarnos. Lo de guía turístico obviamente es un eufemismo. «Es por su seguridad, porque nos preocupamos por usted...» dicen ellos. Tonterías. Si no nos dejan ni a sol ni a sombra es para tenernos controlados. Yo también me he fijado en que si nos cambiamos de sitio en el autobús, Kim también se cambia. Supongo que es para no perder de vista a nadie.

—Aun así me cae bien —continúa Marina—. Es simpático, y ese acento coreano cubano hace que me parta de risa. Parece más divertido que Kang, esa chica debe de ser fina en su casa, ¿no creéis? ¡Qué carácter! Cuando cuenta con tanta seriedad lo malísimos que son los americanos, realmente parece molesta. Debe de ser de armas tomar, seguro. ¡Cómo para llevarle la contraria!

Aunque nuestros guías estén comiendo en otra mesa, y en principio lo suficientemente lejos como para no oírnos, me parece bastante provocador que estén hablando tan claramente de ellos. Solemos hablar en inglés, puesto que es el idioma común en el grupo, pero incluso cuando comentamos algo en otro idioma, somos conscientes de que entienden perfectamente lo que decimos. En el grupo hay gente que habla francés, inglés, ruso y castellano como idioma natal, y los guías, unos u otros, dominan los cuatro idiomas. Supongo que si en el grupo hubiera un alemán, también hablarían alemán. Y, rizando el rizo... ¿qué pasaría si un islandés, por poner un ejemplo, quiere visitar Corea del Norte y no hay ningún agente del gobierno que hable su idioma? ¿Serían capaces de aprenderlo antes de concederle un visado? Los agentes leen tus textos, escuchan tus conversaciones, te piden la libreta de notas... no creo que dejasen escapar el control en un caso así. Me hablaron de un chico noruego que tuvo que esperar dos años a que le concediesen el visado. ¿Sería por el idioma? Cuando llegó a Corea del Norte se encontró con un agente que hablaba perfectamente inglés y noruego. ¿Lo habría aprendido en los dos años que tardaron en concederle el visado? ¿La paranoia norcoreana es tan contagiosa como para que se me haya pasado por la cabeza algo así?

Termino de comer mucho antes que mis compañeros, en parte porque me molesta un poco el estómago y no quiero forzarme. Me acerco a Kim y le pregunto si puedo esperar al resto del grupo en la calle, para que me dé un poco el aire.

—Sí, claro. Bajo contigo.

Le iba a decir que no hacía falta, pero sé que no se ha ofrecido por amabilidad, sino para poder controlar que yo no haga nada inapropiado. Así que bajamos los dos juntos y mantenemos una breve charla.

—Cuéntame ¿Cómo fue tu boda? —me atrevo a preguntarle—. ¿Hay algún rito nupcial, algo que se haga en todas las bodas norcoreanas?

—Normalmente las bodas se celebran en dos partes, primero en la casa del novio y luego se van todos juntos a la casa de la novia. Antiguamente la tradición consistía en que el chico iba hasta la casa de la novia en un asno, le entregaba a la familia de la novia un ganso de madera como símbolo de armonía y se llevaba a su esposa hasta su morada en un carro con flores. La chica, al llegar a la casa del novio, tenía que llevar azufaifas y carne de faisán seca para sus suegros. Y después de la ceremonia nupcial se volvía de nuevo a la casa de la novia, donde todos los parientes les esperaban con un banquete. Ahora no se cumplen todas esas tradiciones, lo normal es que la boda se celebre en las casas de los novios, con unos cincuenta o cien invitados, se come, se baila... y, una vez que termina la ceremonia, la pareja se suele instalar en casa de los padres de él.

—¿Sí? ¿Tu mujer está contigo en casa de tus padres?

—Eso es. Yo vivo en casa de mis padres con mi mujer, mi hija, mi suegra, mi hermana y mi cuñado, así que tengo bastante jaleo domestico. El hijo no suele abandonar el hogar familiar, es la mujer la que se traslada.

—Y la opinión de los padres, ¿tiene mucho peso a la hora de escoger esposa?

—Sí, mucho. Los padres tienen que dar el permiso para que se pueda celebrar la boda. No hay boda si no han dado permiso las familias de ambos. Aunque por supuesto, los novios también deciden. En muchos casos los padres suelen aconsejar, pero no prohibir. Acaban decidiendo los novios.

—¿Y en algún caso la pareja puede convivir antes de la boda?

—Noooooo —por su exageración con las oes, creo que he debido de decir una barbaridad. —Eso nunca. La convivencia solo es posible después de la boda.

—¿Y el sexo? ¿Está bien visto antes del matrimonio?— me muerdo la lengua nada más decirlo. No pretendía ser tan directa. Me ha podido la curiosidad y casi me arrepiento por no haberlo planteado con algún eufemismo que suavice la pregunta. Para mi alivio, él responde con total naturalidad.

—Solo si es con tu pareja. Lo que no está bien visto es que vayas con una y después con otra. Eso no puede ser. Pero si es tu novia, y estás comprometido con ella, puedes mantener relaciones sexuales, aunque luego no llegues a casarte porque el noviazgo se rompa. Hay gente que ha tenido tres o cuatro novias antes de escoger la mujer definitiva, y tienen más experiencia que yo, que solo he tenido una mujer a mi lado.

—¿Tu mujer fue tu primera novia?

—Sí, ya te he dicho que ella me cazó.

En ese momento de la conversación, veo a dos chicas con el vistoso traje norcoreano. Una lo lleva de un tono amarillo chillón y la otra de color rojo intenso. Lo cierto es que el traje tradicional femenino es muy llamativo, y aunque no se usa diariamente, sí que es fácil ver a mujeres que lo llevan por la calle, puesto que se considera un atuendo muy elegante, necesario para ofrecer una buena imagen en determinadas circunstancias. Una reunión importante, una visita esperada, un evento especial... Las dos chicas están a la altura de una pequeña bocacalle que desemboca en la avenida donde estoy yo.

—Perdona Kim, ¿Puedo hacerles una foto a aquellas dos chicas? —ya sé que necesito su visto bueno para dirigirme a ellas. Kim tarda en contestar. Tanto que no sé si ha oído mi pregunta. Insisto...

—¿Kim? ¿Puedo? Solo quiero fotografiar los trajes, y con el permiso de las chicas, claro. Si hace falta no fotografío los rostros, lo podrás comprobar tú mismo.

Kim ha cambiado su sonrisa por un semblante más serio. Es como si no supiera darme la respuesta adecuada. Se muerde ligeramente el labio inferior y por fin me contesta.

—Veamos, no hay problema en fotografiar a las chicas, pero... —espero su gigantesca pausa, porque entiendo que si hay un pero, es porque no tengo el permiso definitivo— pero no puedes acercarte a la calle donde están ellas. Esa calle no puedes verla. Mejor las llamo y que se acerquen ellas hasta aquí.

Estoy atónita. ¿Qué narices hay en esa calle? ¿Trabajos forzados? ¿Entrenamientos militares? ¿Fusilamientos? Una ya piensa en lo peor. No creo que porque la calle esté en obras no se me permita asomarme. El propio Kim habla con las chicas para que vengan a la puerta del restaurante donde yo estoy. Les explica que quiero fotografiarles y posan encantadas de la vida con sus vistosos vestidos, sonriendo como auténticas modelos. Y luego se van. ¿Qué habría en esa calle? No tengo más remedio que quedarme con la duda.

Unos minutos después bajan el resto de compañeros del restaurante y nos llevan a ver la muralla de hormigón que serpentea a lo largo de gran parte de la frontera, situada en el paralelo 38. En el trayecto, las consignas que se leen y que amablemente me traduce Kim, me dejan helada: *¡Vigilen agudamente las maniobras de los enemigos y mantengan el estado altamente tenso!*, *¡Frustren rotundamente las maniobras de intriga psicológica de los enemigos tendentes a pudrir ideológica y espiritualmente las fuerzas armadas!*, *¡Deshagámonos de las tropas estadounidenses y alcancemos la reunificación nacional!* Una vez allí tenemos que subir una escalinata abovedada por las ramas de unos helechos, tan idílica como empinada. Cuando llegamos arriba, un soldado de expresión distante saluda a los hombres con un gesto serio acompañado de un apretón de manos e ignora por completo a las mujeres. Ni siquiera Irina, que siempre es la que se lleva todas las miradas masculinas, consigue llamar su atención. Y eso que no sabemos cuándo ni dónde, pero es la tercera vez que cambia de vestuario en lo que va de día. Ahora pasea con unas mallas ajustadas que le marcan sin pudor alguno las curvas de su culo perfecto sin celulitis. Y ni por esas le mira el soldado. Pasamos a una sala, y con ayuda de un puntero y un mapa comienza con las rutinarias alabanzas a Kim Il Sung para seguir explicando su versión de los hechos:

—Esta horrible muralla fue idea de los americanos —qué raro—. Una muralla traicionera que solo es visible desde el lado de Corea del Norte. Está hecha sobre un desnivel, así que si te acercas desde el lado Sur la muralla no se distingue, porque está a ras de suelo. Sin embargo, desde nuestro lado, es una barrera de 240 kilómetros de largo y con una altura de cinco a ocho metros. Esa diferencia de desnivel hace que un surcoreano pueda trepar sin dificultad para espiarnos, e incluso atacarnos, mientras que nosotros estamos en desventaja. No sabéis lo que luchó nuestro amado presidente para solventar estas diferencias que nadie queremos, puesto que somos todos hermanos. Pero los americanos nos impiden cualquier acercamiento. La muralla es solo un ejemplo más. Un lamentable símbolo de la división de Corea impuesta por los imperialistas.

Salimos a ver la muralla en cuestión a una terraza donde no encuentro nada remotamente parecido a una barrera. El chasco es común, la muralla se sitúa a cuatro kilómetros de donde estamos, y solo acercándonos a unos prismáticos anclados en el suelo a modo de mirador se puede distinguir un lejano muro detrás del cual ondean dos banderas desde el otro lado, una de Corea del Sur y otra de la ONU.

El soldado de gesto distante que nos ha recibido permanece en un lateral silueteado por el sol, observando el paisaje vacío. Tengo la tentación de fotografiarle sin que se dé cuenta. Cuando una persona sabe que se le está haciendo una foto, inconscientemente adopta una postura más rígida, más forzada. Las sonrisas no son tan naturales y se pierde el encanto de la espontaneidad. Pero fotografiar a un militar sin su consentimiento ya me ha quedado claro que me puede traer problemas, así que primero le pregunto a Kim, y me desvía diciendo que le pregunte directamente al soldado. «Lo que él te diga». Me hace recordar el típico diálogo que se repite durante la infancia cuando le preguntas a tu padre algo de vital importancia para ti, y te responde sin levantar la vista «lo que diga tu madre». Y con toda la ilusión, acudes a tu madre, y te contesta con un «lo que diga tu padre». Así que, ante la forma de esquivar la respuesta de Kim, me arriesgo y le hago la foto al soldado de espaldas, sin perder esa magia del momento en el que el protagonista no sabe que es protagonista. Sé que puedo recibir una llamada de atención por este gesto, pero tengo preparada la excusa y la posible solución: «Puedo borrar esta foto si me lo pides, no hay ningún problema, pero mira, solo es una silueta, nadie podría señalar un mal gesto en este contraluz. Es más, yo creo que es una foto que demuestra un profundo respeto por los militares. ¿Tú no ves lo mismo que yo?»

Kim se acerca veloz al verme hacer la foto a escondidas. Comprueba con absoluta seriedad lo que ha salido por la pantalla, levanta la vista y se dirige a mí. Su respuesta me sorprende:

—¡Oh! Es preciosa, una foto muy bonita, me encanta cómo has jugado con la luz. Enséñasela al soldado, ya verás como le gusta.

Me espero cualquier reacción al acercarme al soldado con el visor de la cámara mostrando la imagen. El militar sujeta mi cámara con las dos manos, examina la imagen y me sostiene la mirada. Uno, dos, tres segundos. Eternos. Tengo tiempo hasta de sentir un leve escalofrío. Y finalmente... gana la foto. Por primera vez desde que estoy en Corea del Norte, veo a un soldado sonreír. Su seriedad se transforma de un modo tan rotundo que me parece estar hablando con una persona distinta de la que me ha ignorado cuando he terminado de subir las escaleras al comienzo de la visita. Relaja sus hombros, mantiene la sonrisa e intercambia unas palabras con Kim que acaban en carcajada. Inmediatamente se coloca al lado de Pau y me hace gestos para que les haga una foto a ambos. Cada vez que se la enseño por el visor sonríe aún más. Me pide otra con Marina. En cuanto disparo, se acerca corriendo hasta la cámara para ver el resultado y entonces vuelve a sonreír. Su expresión altiva se ha convertido en una simpatía contagiosa y se despide alegremente de nosotros, apretándonos la mano con fuerza tanto a hombres como mujeres. Qué cambio.

5. La primera borrachera

Nuestro autobús se aleja de una ciudad decorada con el repetido rostro de Kim Il Sung. Pegada a la ventana, observo ensayos masivos en plazas gigantescas, miles de personas moviéndose a la vez para preparar la siguiente celebración en honor al Líder, norcoreanos en cuclillas esperando o charlando, en la posición habitual de tantos países de Asia, trabajadores —no sé si voluntarios o no—, en un puente interminable, hombres que llevan enormes troncos sobre uno de sus hombros, sin más ayuda que su propia fuerza y así hasta llegar a la tumba del rey Wanggong, el primero de la dinastía Koryo.

Horacio, el jubilado mexicano, baja el último y espera a que todos, incluidos los guías, vayamos varios metros por delante. Irina, la preciosidad rusa, se queda rezagada a su lado. Me sorprende que Kim y Kang no estén controlando a todo el grupo. Van por delante, y no parece importarles que Horacio e Irina se hayan sentado en un trozo de césped y prescindan intencionadamente de la visita. Lo último que les oigo decir es un «No, cariño, no me hagas más fotos ahora, siempre me haces demasiadas, y ya sabes que me encanta, pero ahora estoy un poco cansada».

¿Cariño? ¿Ella le ha llamado cariño? ¿Pero es que se conocían de antes? ¿«Siempre me haces demasiadas»? ¿El mexicano y la rusa están juntos? Describirles como la bella y la bestia sería minimizar el impacto visual que producen al imaginarlos como pareja. Horacio tiene casi setenta años y una tripa tan grande que le impide saber si se ha puesto los dos zapatos del mismo color. Su aspecto desaliñado incluye pantalones rotos y manchas de comida que no solo están en la camiseta, sino también esparcidas por la barba. Es simpático, no puedo negarlo, y tiene un punto enternecedor, pero su gigantismo hace que su cara asimétrica parezca irreal con tantas desproporciones. Ella, sin embargo, es tan mona... Su melena rubia está cuidada a base de cepillo, da la impresión de que pasa dos horas maquillándose, por la perfección conseguida. Si la miras de frente, casi sientes que puedes empezar a pasar las páginas, cómo si fuera la portada de una revista de moda. Viste de forma provocativa, sabiéndose especialmente guapa. Siempre lleva tacones y vive pendiente de su físico. Y la edad, claro. Veinte años recién estrenados. Horacio ya está jubilado. ¿Realmente están juntos? Me cuesta creerlo.

Kim afloja el paso para esperarme.

—¿Sorprende, eh? Yo tampoco me podía creer que fueran pareja —me confirma cuando llego a su altura.

—¿Pero entonces, sí que son pareja? Creía que venían por separado.

—No, no. Duermen en la misma habitación, eso seguro. Y pidieron cama de matrimonio.

—¡Ahhhg! —se me escapa un grito— Es que... de verdad que no me imagino la escena. ¿No la ves demasiado joven y demasiado guapa para él? Ya sé que el amor no tiene edad y en realidad, no somos nadie para decir nada, pero.. no puedo imaginármelos juntos en la cama. ¡Buf!

—¿Sabes qué es lo que creo? Que él le paaaga.

—¿Qué?

—Sí, que le paga dineeero. Creo que es como su dueeeño —me dice susurrando, abriendo mucho los ojos—. Eso es lo que sospecho, que ella «trabaja» para él. Es su chica de compañía o algo así. Él le paga el viaje y todos los caprichos de ella a cambio de sexo y compañía. Se necesitan mutuamente, ella para poder acceder a lujos inimaginables y salir de su país, él para poder presumir de novia de película. No es amor, es interés. Peeeero... yo no te he dicho nada. Lo negaré en cualquier caso.

Creo que Kim es una mina de oro. Cuando no hay nadie cerca dice cosas que jamás hubiera creído que pudiera decir un norcoreano.

Alcanzamos al resto del grupo y llegamos a la tumba. Está reconstruida y restaurada tras el saqueo de los japoneses, gracias al gran Kim Il Sung, en palabras de la responsable que nos acompaña por el recinto. El resultado es un espacio verde muy agradable, donde se respira aire puro y flanqueado a ambos lados por diversas estatuas de reciente construcción rodeadas de un bosque de pinos. Imitan las que estaban originalmente, pero en la restauración han hecho la copia considerablemente más grande. Son figuras humanas que antes no llegaban al metro de alto y que, tras la restauración, sobrepasan los dos metros. Desconozco porqué han alterado las medidas.

A cada lado del promontorio bajo el que estaba anteriormente la tumba original hay dos leones. Oigo cómo la guía plantea preguntas al grupo que van respondiendo animadamente, pero yo no estoy en la conversación, me arde el estómago y necesito urgentemente encontrar un baño, con o sin cucarachas. Tanto es así, que interrumpo la pregunta que acaba de lanzar la responsable al aire sin haberla escuchado para averiguar si hay algún baño cerca. Pero antes de abrir la boca, cuando estoy señalando sin darme cuenta uno de los dos leones, para confirmar si ese es el camino hacia los lavabos, oigo decir a la guía:

—¡Premio! Muy bien —yo aún no he abierto la boca, mi desconcierto crece—, esta chica ha sido la única en atreverse y ha acertado. Efectivamente, el león que ella ha señalado es el que representa a las mujeres y el que está al otro lado representa a los hombres. Como veis el de las mujeres está peor terminado. En esa época se nos consideraba inferiores, algo que no sucede con nuestros amados líderes que...

Vaya, así que intentando saber dónde estaban los baños he acertado una pregunta que ni siquiera había escuchado. Pau se parte de risa al verme perpleja ante la situación, mientras de fondo continúan las alabanzas al Gran Líder. Yo sigo sin encontrar un lavabo. Tampoco quiero que se me note demasiado, así que trato de sonreír, como si lo que están explicando me interese muchísimo. Puestos a ponerme enferma, prefiero que sea lejos de aquí.

—¿Algún voluntario quiere ver dos veces el festival Arirang? —propone Kang de regreso al hotel—. Está previsto para la semana que viene, y eso sigue estando en programa. Si alguien está dispuesto a pagar dos veces, hoy es un buen día para hacerlo. Si no, lo veremos una sola vez dentro de unos días.

El Festival Arirang era el motivo «oficial» de nuestro viaje. Pau y yo habíamos acordado responder lo mismo si nos preguntaban por separado. Yo no podía mencionar que el viaje se trataba de un reto personal porque estaba camuflando mi condición de periodista. Tampoco podía decir que había escogido este destino como parte de un proyecto para buscar la belleza en lugares grises e incómodos, porque imagino que lo considerarían una ofensa. Así que cuando nos preguntaban por qué habíamos ido hasta Corea del Norte, y la respuesta «por turismo» no les parecía suficiente, añadíamos que era para ver en persona la magnificencia del festival Arirang. Eso parecía agradarles.

El festival, también conocido como los Mass Games o juegos de masas, es un indescriptible espectáculo gimnástico de sincronización masiva que se realiza diariamente durante tres meses al año, habitualmente septiembre, octubre y noviembre, aunque las fechas varían año tras año. En los e-mails previos al viaje, pregunté con insistencia por este festival. Sabiendo que era algo digno de ver, no quería quedarme sin entradas. Su respuesta fue clara y precisa: «No te preocupes. El turista que pasa por la DPRK está obligado a acudir al espectáculo si su viaje coincide con las fechas en las que se realiza. No existe la posibilidad de quedarse sin entradas, porque el estado te obliga a verlo».

—¿Nadie? —insiste Kang—. Es la forma que tenemos de honrar a nuestro Amado Líder. ¿A nadie le gustaría verlo más de una vez? El próximo día iremos todos juntos, independientemente de los que vayamos hoy. Esto es solo para los que tengan claro que con una vez no es suficiente.

Algunos compañeros del grupo aluden al precio. La butaca más barata para los extranjeros cuesta ochenta euros. Es la que está más alejada del escenario y en los laterales. La entrada de segunda clase, en lo alto y situada en el centro sube a cien euros. Si se quiere disfrutar del espectáculo en primera clase, en los laterales pero más cerca del césped se tienen que reservar ciento cincuenta euros, y para los que tienen un presupuesto que se escapa de mi mente mileurista, se pueden gastar trescientos euros en sentarse en la zona VIP, que son las primeras filas y muy centradas. Eso es para los extranjeros capitalistas, claro. Los norcoreanos pasan gratis. Hay que llenar las butacas vacías y no hay tanto turismo.

—En cualquier caso, yo sí que voy a ir —dice Kang—, si alguien cambia de opinión que me lo diga.

—Yo voy —apunta tímidamente Sebastien—. Sí, iré y pagaré la butaca VIP ¿Es posible?

—Claro— sonríe Kang—. Vendrás conmigo. Los demás deberéis permanecer en el hotel. La cena es a las ocho, en el restaurante giratorio, en la azotea. Piso cuarenta y siete. Sebastien y yo cenaremos después de los juegos masivos. ¡Buenas noches!

El belga se aleja con sus pies separados y sus andares patosos al lado de Kang. Los demás quedamos en vernos en la azotea, después de dejar algunas cosas en nuestras habitaciones.

Resulta que no es tan fácil subir al piso 47. Una persona ingenua, como yo, podría llegar a pensar que es tan sencillo como entrar al ascensor, buscar un botón con el número 47, pulsarlo y esperar. ¡Qué ilusa! La primera vez que se abre la puerta del ascensor, y salgo decidida a disfrutar de la azotea, me encuentro con Horacio, el jubilado.

—¿Bajas?

—No, lo que quiero es subir a la azotea, pero no lo consigo. Esta es la planta 43.

Todos nos encontramos una y otra vez ante la misma situación ridícula. Llamamos al ascensor, se para en nuestra planta, entramos, y el piso más alto que marca es el 43. En el piso 43 no encontramos nada que nos lleve a deducir que el edificio continúa. Las escaleras solo bajan, no suben y los ascensores no ofrecen la posibilidad de marcar el piso del restaurante. Llegamos a la conclusión que solo uno o dos de los ocho ascensores, tendrá la posibilidad de llegar al restaurante, así que seguimos llamando, subiendo un piso para bajar dos, creyendo que estábamos arriba y encontrarnos de nuevo en nuestra planta con Jason que acaba de unirse y se pregunta lo mismo que nosotros. Tras algunas situaciones tan absurdas como divertidas gracias al ascensor, lo conseguimos. El número 47 se aparece resplandeciente en el único ascensor de los que hemos llamado que lo indica en el recuadro. Sí, por fin hemos llegado al restaurante giratorio que, por cierto, no gira.

—Espero que disfrutéis con las espectaculares vistas —me sonríe una camarera al darme la bienvenida. Yo me acerco hasta el cristal, y lo que veo es negro. Espeso, cerrado, absorbente. ¿Me han puesto una cartulina delante? ¡Ah, no! Ahí se distingue la torre Juché, con su iluminación soberbia, frente a la negrura dominante. ¿Cómo se puede anunciar una «cena con vistas «cuando el noventa por ciento de la ciudad está a oscuras? ¿Realmente a la camarera le parecían esas unas vistas espectaculares? Es posible que sí, al fin y al cabo, la torre Juché se reconoce con facilidad desde aquí arriba. Casi es lo único que no es negro en este paisaje nocturno. Será mejor no opinar. No tengo demasiada hambre debido al dolor de estómago, pero me apetece quedarme a una desternillante conversación que ha comenzado Jason.

—¿Y lo de la luz roja? ¿Sabéis lo de la luz roja? Me han contado que un tipo, amigo de un amigo, vino a Corea del Norte por turismo, como nosotros, y se alojó en este mismo hotel. Bueno, ya sabéis, no hay muchas más opciones —su tono de voz no es elevado, pero todos estamos mirando de reojo a Kim, que está en una mesa cercana, mirándonos también de reojo. Se cruzan sonrisas y miradas, y cada uno seguimos con lo nuestro. Jason prosigue con la anécdota—. El tipo venía completamente solo. Le asignaron a dos guías y le dejaron en la habitación tras la primera jornada de «turismo guiado». El hombre se metió en el baño dispuesto a darse una ducha y allí, con el jabón, empezó a hacer lo que tantos hombres hacemos en la ducha, ya sabéis, se empezó a... bueno, a tocarse lo que tenemos entre las piernas, no sé cómo decirlo finamente... y cuando estaba dale que te pego, ¡zas! Se enciende una luz roja. Así me lo contaron, de verdad. Yo no he hablado con el tipo, pero sí con nuestro amigo en común, y me dijo que la luz roja le puso tan nervioso que se le bajó inmediatamente todo lo que tenía subido. Esperó un rato y no pasó nada. Durmió acongojado esperando alguna señal pero tampoco pasó nada. Y al día siguiente, uno de los guías le dice... «Así que realizando acciones que no serían dignas de ser vistas por nuestro Líder ¿eh?»

Por más fuerte que me parece la anécdota, nos reímos como si fuera lo más divertido que hubiéramos oído en mucho tiempo. Por dentro imagino que todos estamos pensando dos cosas; una, la veracidad de la historia, y la otra, que nos pueda llegar a pasar algo parecido. A mí me ha sonado un tanto a leyenda urbana. Como cuando alguien te dice que sabe con seguridad que determinada persona —mucho mejor si se trata de alguien famoso— ha hecho algo concreto, cuando no conoce ni al protagonista ni a ninguna persona implicada, pero lo sabe porque se lo dijo un amigo de un amigo de la prima del novio de una compañera de trabajo que a su vez lo escuchó decir a alguien cercano a la persona de la que están hablando. Para desmitificar la supuesta anécdota de la luz roja, algunos de nosotros nos ponemos a investigar el interior del hotel en busca de cámaras ocultas. Ya que no podemos salir al exterior, continuamos las excursiones norcoreanas dentro del hotel. Pasamos por el hall, viendo todas esas fotos de Kim Il Sung y Kim Jong Il que adornan la pared con sus diferentes proezas. Dan a entender que antes de la llegada de Kim Il Sung la vida en Corea del Norte era triste y desalentadora, pero llego él, y ahora todos sonríen porque no pueden ser más felices. Esa es la versión oficial. Los pocos ancianos que conocieron la vida antes de Kim Il Sung están obligados a contar esta versión, aunque no tenga nada que ver con lo que recuerden. Si no lo hacen, lo más probable es que acaben en un campo de reeducación por contradecir al régimen.

Bajamos hasta el sótano dispuestos a empezar con el juego de encontrar cámaras ocultas, aprovechando que dentro del hotel podemos estar sin guías. En una pequeña sala empiezo a ver señales prohibiendo la toma de fotografías o la grabación en vídeo. En el resto del hotel no hay ninguna señal parecida. ¿Qué hay aquí que no pueda ser fotografiado? Sigo hasta el final del pasillo y lo veo. Es un casino. Máquinas tragaperras, Black Jack, ruleta, excesos, hombres agresivos que doblan sus apuestas y mujeres elegantes con traje de noche y una copa en la mano. ¿Las Vegas? No, increíblemente es Corea del Norte. El último bastión comunista tiene un área reservada para el vicio, el juego y el derroche, controlada, eso sí, por sus amigos los chinos. Los norcoreanos aquí solo vigilan, no veo a ninguno jugar. Incluso los carteles están escritos solo en chino. Ni inglés ni coreano. No es que sepa leerlos, pero sí es fácil distinguir sus caracteres de la escritura coreana. De hecho, el coreano no se escribe con sílabas ni con ideogramas como sus vecinos japoneses y chinos, sino con letras. Hay un símbolo para cada letra, 19 consonantes y 21 vocales, a distinguir entre las vocales simples y los diptongos, que también se consideran vocales. Un lío, vaya, pero más fácil de aprender que los ideogramas chinos.

Dejamos a los chinos gritando entre apuesta y apuesta, y continuamos nuestra ruta clandestina por el sótano del hotel. Una sauna, una sala de ping pong, piscina, billar, librería, discoteca, peluquería, bares, bolera y hasta un zapatero remendón. Parece uno de esos albergues juveniles con una amplia oferta de actividades para extranjeros. La sorpresa —hubo tantas en el viaje— vino cuando decidimos entrar al karaoke. Los compañeros del grupo estamos animados y nos apetece olvidarnos de la presión de estar bajo control todo el día, cantando lo que haya. Y además, me puede la curiosidad. ¿Qué repertorio habrá? ¿Pasará la censura por este local? ¿Habrá alguna canción internacional? Pau se acerca a la entrada y un chino le mira de soslayo antes de darle una lista con los precios. Nos agolpamos a su alrededor para leer las tarifas. Aquí dice que entrar al karaoke cuesta diez dólares y te incluye una consumición, pero solo te da derecho a estar treinta minutos. Estar dos horas, según la letra pequeña, es incomprensiblemente caro, casi cien dólares por persona. ¿Por qué? Se aceptan teorías. La más extendida en el grupo es que a lo mejor es un karaoke y algo más. Como algunas peluquerías de luces rojas en China, que exteriormente aparentan ser una peluquería cualquiera, y que las luces ayudan a adivinar que también ofrecen servicios sexuales femeninos. Pero solo es una teoría, ninguno decide entrar a comprobarlo. Si el karaoke fuera en realidad un prostíbulo encubierto, ¿yo habría podido pasar? Por lo que tengo entendido, en la mayoría de clubs de alterne solo se permite la entrada a varones, para evitar que las mujeres enfurecidas vayan a buscar rodillo en mano a sus maridos entre las piernas de otras. Pero aquí no me habían puesto ninguna pega... no sé, no sé. A lo mejor solo es un karaoke con precios desorbitados y, simplemente, tenemos mucha imaginación.

En la planta baja me encuentro con Kang, que acaba de volver del espectáculo Arirang.

—¿Estás bien?— su mirada muestra una mezcla de sospecha y preocupación.

—Sí, claro ¿Por qué iba a estar mal?

—Porque no has comido nada a mediodía y vas bastante al servicio. Te he estado observando. Además, Kim me ha dicho que durante la cena tampoco has comido mucho. Por eso te pregunto.

Madre mía, qué observadores. Las confidencias entre guías son tan específicas como imaginaba. Con naturalidad, le respondo.

—Ah, sí. Es por el estómago. Me molesta un poco desde la cena de ayer. Creo que tomé algo que no me sentó bien y esta mañana me he levantado con el estómago un poco revuelto. Por eso he preferido no forzarme hoy.

—Vale, vale. Espero que te mejores. Si te encuentras peor, no tardes en decírmelo.

—Gracias, pero no creo que sea nada grave. Ya se me pasará.

—Bien, si necesitaras ayuda médica, no habría problema. Nuestro sistema de salud es excelente, pero por seguridad, puesto que eres extranjera, te enviaríamos a Pekín, dependiendo de la gravedad de la enfermedad.

La idea no me resulta nada atractiva. Con lo que me ha costado llegar hasta Corea del Norte, no me apetece irme al segundo día. Más vale que me recupere pronto.

Marina y Kang se van a dormir, y los demás acabamos coincidiendo en uno de los bares del hotel. Cuando llegamos Pau y yo, vemos varias botellas de cerveza a medio terminar y una botella de *soju*, un licor de color blanco hecho a base de arroz que por el olor parece bastante fuerte. Kim bebe su licor con decisión, inspirado por saberse el único capaz de tragárselo sin hacer un aspaviento. Los demás lo intentan pero todos acaban apretando los ojos y sacando la lengua con la boca muy abierta, mostrando cada uno la peor y la más divertida de sus muecas. Kim, aparte de no poner ninguna cara extraña, bebe con tanta ansia que acaba algo más hablador de lo habitual y un poco borracho también. Lo bueno de esta borrachera que solo ha cogido él es que le hace estar mucho más expresivo con nosotros y nos confiesa cómo transcurre su día a día.

—Yo solo llevo unos meses en esto de guía, así que aún no soy tan bueno como Kang, que lleva más tiempo. Mi día a día consiste en honrar a nuestro Amado Líder, aprender a hacer mejor mi trabajo, cuidar de mi hija y, principalmente, soportar a mi mujer. ¡Esto último es lo más difícil de todo!

Todos estallamos en risas mientras Kim cuenta a los compañeros de viaje que conoció a su mujer en Cuba, tal y como nos había explicado antes a nosotros.

—Me atrapó. Ella me atrapó. Son muy listas algunas mujeres, ella me puso la soga al cuello y yo ya no pude hacer nada.

—A lo mejor tenía celos de las mujeres cubanas —dice Jason—. Y te atrapó para que no te fueras con ninguna.

—No, no es por eso. Yo no conocí a ninguna mujer cubana. Fui a Cuba como estudiante norcoreano, porque Kim Il Sung y Fidel Castro eran muy amigos, y había muy buenas relaciones entre ambos países. Así que los norcoreanos podíamos ir a Cuba para aprender de los especialistas cubanos en medicina o en la especialidad que sea.

—Ya, pero después de estudiar, irías a dar una vuelta —interviene Jason—. Antes nos has dicho que guardabas buenos amigos cubanos. ¿Y no tuviste ninguna amiga?

—Esto... a ver, no sé, no sé cómo explicártelo —titubea antes de beber otro chupito de licor blanco—. Mira sí, te lo explico porque no tengo que mentir. En realidad no guardo amigos de Cuba. Ni chicos ni chicas. Antes te he dicho que sí, porque estaba Kang cerca, y no quería empezar a explicar demasiadas cosas, pero la realidad es que los estudiantes norcoreanos que van a Cuba, como Kang o como yo, no podemos salir del lugar que se nos asigna. Vivimos en una residencia cerrada, donde exclusivamente tenemos trato con gente de nuestro país. Es como un hotel, vallado, situado lejos de cualquier lugar habitado y pensado exclusivamente para nosotros, los norcoreanos. No podíamos salir en ningún momento de la residencia, porque sería como salir del territorio controlado de Corea del Norte. Así que no puedo decirte ni cómo son las chicas cubanas, ni cómo es el paisaje ni nada. Solo que mi mujer era una de las estudiantes norcoreanas que también había ido a Cuba, y ahí fue donde nos conocimos. Encerrados en la residencia.

Su testimonio me parece lo más sincero que le he escuchado por el momento. Se ve que el alcohol no le hace pensar tanto sus respuestas.

—¿Entonces vivir en Cuba, en tu caso, fue exactamente igual que vivir en Corea del Norte? —pregunta Horacio—. ¿Ninguna diferencia?

—Bueno, alguna diferencia sí que había, por ejemplo me puse hasta arriba de ver películas que aquí son imposibles de encontrar, y también escuchaba mucha música. Me gustaba mucho una, cómo era esa... —Kim dirige la mirada hacia el techo y comienza a tararear una melodía—, «naaanaaaranaaa... la vidaaaa sigueeee iguaaaaal», sí, esa canción me encantaba.

Horacio, Pau y yo esbozamos una sonrisa cuando reconocemos la melodía: Julio Iglesias. Casi nos arrancamos a seguir cantando el estribillo. Afortunadamente, Jason impide que nuestras intenciones artísticas salgan a flote con una ronda de preguntas.

—¿Y qué películas viste que no pudieras ver aquí? —sondea cruzando las manos bajo el mentón, mientras se inclina hacia delante hasta apoyar los codos en sus rodillas.

—*Viernes 13, Terminator, Titanic...* Todo eso no llega nunca a Corea del Norte, ya sabes, producciones americanas, imposible. Pero shhhhht, no le digáis nada a nadie. A mí, cuando otros turistas me preguntan si conozco *Titanic* siempre me hago el loco, y digo que no sé de qué me hablan. Ellos se van convencidos de que en Corea del Norte no sabemos nada de eso, pero yo me emocioné con *Titanic*. Qué historia tan bonita, cómo lloré con el final. Lo que pasa es que aquí estamos muy acostumbrados a hacernos los tontos. Yo he aprendido que es mejor decir a todo que sí y que nadie, nadie, nadie note lo que estás pensando. Ni tu familia. Soy un actor permanente, por eso no me cuesta decir que no conozco *Titanic*. Y *Fresa y Chocolate*, ¿la habéis visto? Ésa es mi película favorita, pero solo lo sé yo. Ni siquiera mi mujer sabe que la he visto. Trata de dos homosexuales, pero la idea es muy profunda. Me gustó muchísimo.

—¿Aquí hay homosexuales?

—Noooo, no... nada de eso. No existen aquí. En Cuba a lo mejor sí, aquí no —afirma antes de apurar otro trago de *soju*—. Aquí solo un hombre con una mujer, aunque no la quieras.

—¿No quieres a tu mujer?

—No —madre mía, qué sinceridad—. No la quiero, pero tampoco importa mucho. Aquí los matrimonios no son por amor.

—¿Y has pensado en divorciarte?

—Nooooo, eso tampoco existe aquí. Uno se casa para toda la vida. No, no. No hay divorcio. ¿Quieres que te diga una cosa? ¡Lo que he pensado es en irme con otras!

—¿Buscarte una amante? ¿O te refieres a una prostituta? —Jason está imparable con su batería de preguntas.

—Noooo, no. No me refiero a eso. Aquí tampoco existe la prostitución —claro, claro—. Me refiero a hablar con una pareja y que yo esté con su esposa, y mi mujer a la vez que haga lo que quiera con el chico, pero consentido ¿me seguís?

—Joder, intercambio de parejas. Kim, estás desconocido —dice Jason—. O muy borracho. Eso que dices tiene que estar muy mal visto aquí.

—Hombre claro, sería sin que nadie se enterase, solo los implicados. Por ejemplo, para que lo entendáis, Pau me deja una noche a su chica, y yo le dejo a mi esposa. Es un trato. ¿Qué me dirías, Pau?

Ya podría haber dicho otro nombre. El grupo se ríe a carcajada limpia, esperando su respuesta.

—Pero bueno, Kim —se indigna mi pareja—, ¿Cómo se te ocurre decir eso? ¿Estás mal de la cabeza? ¿Y tu mujer? ¿Qué opina de estas proposiciones? Sería un detalle preguntarle ¿no?

—No, eso no importa.

—¿No importa su opinión?

—No. Yo hago un par de llamadas y solucionado. Ella hará lo que yo le diga.

Vaya con los efectos del alcohol. Ninguno damos crédito a la transformación de Kim.

—¿Qué me dices? —insiste Kim.

—Estás bromeando.

—Ya, pero si no lo estuviera, ¿qué me dirías?

A todo esto, le pregunta solo a Pau, obviamente mi opinión tampoco cuenta.

—¡Que estás fatal, Kim! Como vayas haciendo estas propuestas a cada turista, acabarás metido en un lío. Y no el lío que tú buscas. No, no y mil veces no.

Menos mal. Empezaba a sentirme un poco invisible.

6. El cumpleaños de Marina

El tiempo que Pau y yo empleamos en asearnos, actualizar nuestras libretas de notas y repasar las fotos del día anterior es el tiempo que Kim ha empleado en dormir. Se quedó de fiesta hasta las seis de la mañana y a las ocho ya estaba esperándonos en el hall del hotel. Está con resaca. Le duele la cabeza y dice que no recuerda casi nada de lo que nos contó anoche, pero que le disculpemos si dijo o hizo algo que no fuese del todo correcto. Jason fue el último en despedirse de él, sobre las dos de la madrugada, así que Kim continuó solo con su borrachera. Lo de la laguna mental creo que es lo mejor que le podía pasar.

Nuestro primer destino en esta nueva jornada es el templo budista de Bojion, destruido por los estadounidenses y reconstruido por el gran Kim Il Sung que tanto interés tenía en conservar todo lo anterior a la guerra —palabras de Kang—, pero que no pudo por culpa de los malditos americanos. Y mientras suelta este nuevo discurso antiimperialista clava su mirada en Jason.

El templo está activo y en el interior viven algunos monjes. Como en todos los recintos budistas, debemos descalzarnos al entrar. Hay una pequeña pagoda de trece alturas adornada con campanillas. El paraje es precioso. Los rayos del sol iluminan de forma desigual los distintos tonos de verde. Las hojas de tejo japonés, abeto coreano, magnolias, tilos y moreras se rozan entre ellas bailando dócilmente al compás de una delicada brisa. En el interior, los techos de madera están adornados con oníricas pinturas de pájaros. Hay algunas estatuas recubiertas de colores chillones, de las que se conservan dos ejemplares originales. Son las únicas que no se pueden fotografiar, aunque alguno del grupo lo haga aprovechando los descuidos de los guías. El resto son réplicas.

Unos escolares con sus pañoletas coloradas también están de visita por el templo. Quizá a ellos no les sorprenda tanto como a mí ver a una mujer en cuclillas en medio de un camino infinito cortando malas hierbas con una herramienta del tamaño de un cortaúñas, y depositando cada brizna sobrante, una por una, en una cesta. El trabajo es tan pesado y minucioso, que me planteo que sea uno de los castigos que se les aplican a los norcoreanos que hacen algo que el régimen considera incorrecto, como llevar el pin con un poco de polvo o no cantar con suficiente energía el himno en honor al Gran Líder. Otros trabajos consisten en barrer la autopista con una pequeña escoba, trasladar a pie pesadas piedras durante cincuenta kilómetros, etc. Eso es lo que cuentan los pocos desertores que han conseguido escapar. Sin embargo, la respuesta oficial ante estas situaciones suele ser que en realidad se trata de personas voluntarias, que aprovechan su tiempo libre haciendo algo útil para el país.

El monje que nos recibe lleva una túnica blanca con las mangas anchísimas a juego con el pantalón, una especie de capa roja le rodea la espalda, pasando por encima de uno de los hombros hasta llegar al nudo delantero y su atuendo lo complementa un larguísimo collar de cuentas de madera. Rapado, con gafas y sin pin. No, no lo lleva por ningún sitio. Supongo que el ser monje le exime de semejante obligación, al igual que muchas personas, ataviadas con un uniforme de trabajo, que tampoco lo llevan. Solo si están uniformados pueden librarse, en el caso de llevar la ropa habitual sin el pin se considera traición al régimen.

Una mujer militar intercambia risas y palabras con una chica vestida con el traje tradicional coreano. Kang me adivina las intenciones y, antes de hacer nada, me advierte que no puedo hacerles fotos. Es militar, está prohibido.

Cuando finalizamos la visita, Marina se pone de pie en el autobús y le quita momentáneamente el micrófono a Kang.

—Compañeros de aventura, quería decirles que hoy es mi cumpleaños, así que os hago saber, de forma oficial, que esta noche la primera ronda de cervezas ¡corre de mi cuenta!

El jolgorio no se hace esperar. Abrazos a Marina, felicitaciones, el cumpleaños feliz en inglés y saltos improvisados en el pasillo del autobús.

—Qué cumpleaños más raro vas a pasar, tan lejos de los tuyos —observa Horacio.

—Sí, pero lo miraré por el lado positivo, seguro que no voy a tener ninguna llamada que me recuerde que este año me ha sentado peor que el anterior, jaja. Y, vosotros, prohibido hablar de canas o arrugas ¿eh? Anda, tomad estas galletas. Traídas desde mi tierra, y hechas personalmente por mí. Las guardaba para hoy porque quería tener algo dulce en mi cumpleaños. No os molestéis en preguntar la edad, no os la pienso decir. Una tiene sus años pero conserva su coquetería. Ya veréis qué ricas están estas galletas, a mis sobrinos les encantan. Es mi auto-regalo de cumpleaños.

Marina me cae muy bien. Habla deprisa y el acento argentino se le nota incluso cuando habla en inglés. Tiende a la ingenuidad y al positivismo y eso hace de ella una agradable compañera de viaje. Las galletas están deliciosas. La conversación deriva en las diferentes costumbres por países a la hora de celebrar una fecha importante.

—En Argentina, por ejemplo, una de las fiestas más importantes es la de los quince años. ¡Qué recuerdos, mis quince! Ahora veo las fotos y muero de la vergüenza pero, en ese momento, era la niña más feliz del planeta, con mi pomposo traje de princesa, disfrutando con la música y con el banquete. Es como una boda, pero sin el novio.

—¿Y en la DPRK?— pregunta Sebastien— ¿Hay algún ritual familiar importante aparte de una boda o un funeral?

—Aquí hay varios días importantes —responde Kang—. Se celebran con entusiasmo los cumpleaños de nuestros queridos líderes. Esos días se reparte más comida para el pueblo. Y, en el entorno familiar, se celebran los cien días de un bebé y también el primer cumpleaños. Se prepara una mesa grande y los vecinos y familiares les entregan regalos. O por ejemplo cuando se cumplen sesenta años. Sesenta años de vida o sesenta años de matrimonio, en ambos casos se hace una fiesta importante con todos los familiares.

Así, hablando animadamente, el autobús frena en nuestro destino inevitable: El Palacio de la Amistad. Inevitable porque sea cual sea el programa de turismo elegido y el número de días que estés, tienes que pasar por allí. Son cosas como la estatua gigante de Kim Il Sung o su venerado mausoleo, que no te dejan la opción de no visitarlos, algunos lugares son de parada obligatoria para todos los turistas. El Palacio de la Amistad es un intento (más) por demostrar la grandeza dictatorial de Kim Il Sung y lo querido que era en «todo» el mundo. Es una colección de los regalos de otros países que recibió durante su gobierno. El planeta completo lo adoraba y lo demostraba con los miles de regalos que se pueden admirar aquí, explican los responsables del museo a los escolares que vienen de visita obligada.

El palacio está situado en el monte Miojiang a unos 160 kilómetros de la capital. Lo primero que notas al entrar es frío. Mucho frío. Todos tenemos que recurrir a nuestras chaquetas y aun así seguimos teniendo frío. Irina está tiritando, lleva una camiseta de tirantes escotada y unos vaqueros tan cortos que enseñan parte del trasero al andar. En el grupo ya nos hemos acostumbrado a su vestuario minimizado. Tan escueto, que no se le había ocurrido traerse nada de abrigo.

—¿Quieres este chal? — le ofrece Marina. —Yo no lo usaré, con la chaqueta me basta.

—Es que... —Irina no parece entusiasmarse con la idea— el color granate no me combina con lo que llevo.

Marina no puede evitar reírse tan alto que le llaman la atención. A ella, como a nosotros, se le antoja muy lejano el momento en el que prefiera morir de frío porque el color del chal no sea el mismo que el de las uñas. Pero a pesar de la carcajada inicial, le responde con toda la amabilidad.

—De acuerdo Irina, igualmente me lo llevo en el bolso. Si durante la visita tienes frío no tienes más que pedírmelo.

Antes de continuar, debemos ponernos una especie de fundas sobre nuestros zapatos, para no rayar ni manchar el suelo. Son como unas bolsas-zapatillas, con una suela muy suave hecha para absorber toda la suciedad del suelo cuando pisamos. Un curioso sistema de abrillantado en el que los trabajadores somos todos los visitantes. Las bolsas son de talla única, más o menos grandes y con una goma en la parte superior para que se ajuste al tobillo. Cada uno nos ponemos las nuestras, pero Irina no puede. Sus tacones de nueve centímetros de alto se escapan a la longitud de las bolsas, aparte de agujerearlas. Le obligan a descalzarse y ponerse las fundas directamente sobre los pies. Se acabó el glamour, esas pantuflas improvisadas tampoco combinan con su vestuario. No tarda en acudir a Marina para pedirle el chal. Imagino que, ya que ha tenido que romper a la fuerza su imagen impecable, al menos prefiere no pasar frío.

El Palacio de la Amistad es tan, tan y tan grande —28.000 metros cuadrados— que aburriría al más fanático seguidor de Kim Il Sung. Entrando a la izquierda, lo primero que vemos es un mapamundi donde se indican qué países han donado sus diferentes regalos. Ciento ochenta y tres lucecitas rojas indican lo amado que era en todos esos lugares. Solo algunas islas remotas de Oceanía o del Caribe no tienen su correspondiente luz roja, los demás países, según este mapa, adoraban tanto a Kim Il Sung que se lo demostraron con una cantidad desorbitada de regalos.

Al final del recibidor hay una figura de cera de Kim Il Sung, tan real que parece que en cualquier momento vaya a echar a andar. Le rodea un realista e idílico paisaje de fondo. A ambos lados se empiezan a ver algunos de los regalos de unos y otros países. Tallas de marfil, figuras de madera, de metal, objetos útiles, obras de arte... Me impacta un cuadro donde aparece un soldado americano colgado por los pies y pisoteado por los países donantes, especificados con banderas en la parte superior del cuadro: Laos, Camboya, China y Vietnam. Muy simbólico, sí.

Jason se queda mirando una metralleta regalo de algún país africano.

—¡Oh, es una MAS 38! Es un arma de origen francés, pero se distribuyó ampliamente en los países francófonos de África. Esto sí que es un buen regalo y no todas esas figuritas que no dicen nada. Me encantaría tenerla en mis manos.

—¿Te gustan las armas?— le pregunta Irina.

—Las adoro, tengo una buena colección de armas. Mi favorita es la Thompson M1A1 por su diseño, y la MP40, porque tiene muy poco retroceso y una precisión increíble. Podría estar un buen rato hablando de armas.

Ella le mira fascinada.

En total, nos dicen, hay más de doscientos mil regalos y la lista sigue creciendo porque aún hoy se siguen entregando regalos al Líder fallecido para recalcar que su amistad es tan eterna como su liderazgo. Así se decidió cuando murió. No bastaba con ser solo el Amado Líder, sería también el Eterno Presidente, puesto que nadie, ni siquiera su hijo podría empañar su grandeza. Así que, tras la muerte del líder, la situación en Corea del Norte era de un surrealismo extremo. El país estaba gobernado oficialmente por un líder fallecido, que seguía constando en todas las actas oficiales como presidente actual del país, a pesar de su muerte. Kim Jong Il no pudo ocupar el puesto de presidente, reservado eternamente para Kim Il Sung, y se solucionó ocupando el puesto de Secretario General del Partido y presidente de la Comisión de Defensa Nacional. Realizaba las funciones de jefe de Estado y presidente del país, pero el cargo oficial correspondía a Kim Il Sung de forma eterna.

—Os contaré una anécdota —anuncia una mujer que hace de guía del palacio, enfundada en su traje tradicional, mientras señala una piel de oso colgada en la pared—. Algunos representantes extranjeros querían regalarle un oso al Gran Líder. Los cazadores capturaron tres osos, uno pequeño, uno mediano y uno grande. Fueron con los tres osos para hacer entrega de uno de ellos al Amado Líder. ¿Qué hubiera hecho cualquier otro presidente? Fácil ¿no? Escoger el más grande. Pero ahí radica la grandeza de Kim Il Sung. En su humildad. Tanto es así que les dijo a los cazadores que se quedaría con el más pequeño de los tres. Nunca en el mundo ha habido nadie más humilde que el Amado Líder, eso es lo que le hace tan admirable. Él siempre hacía mención a su extrema humildad, era un motivo de orgullo.

Un momento, ¿una persona puede pavonearse de ser humilde? Es contradictorio. Quiero decir, si realmente fuese tan humilde, la actitud más coherente sería dejar que hablasen sus actos, no sus palabras ni su propaganda dictatorial. Vaya, que no encuentro sentido a una conversación entre dos humildes, discutiendo por quién es el más humilde de los dos, básicamente, porque el que lo sea realmente se retiraría con humildad ¿no? Al margen de esto, ¿De verdad la chica cree que en el mundo entero Kim Il Sung es conocido por su humildad? ¿Un tipo humilde crea un imperio megalómano donde todos los habitantes, y son veintidós millones, tienen que llevar un pin con su cara en el lado del corazón? ¿Un tipo humilde declara el día de su cumpleaños fiesta nacional? ¿Un tipo humilde permite que se le construya una estatua, de veinticinco metros de altura, obligando a los norcoreanos a reverenciarle cuando pasan por delante? Porque ese tipo humilde, en el resto del mundo se le conoce por ser lo más parecido al Gran Hermano que describió Orwell en su novela *1984*, novela de referencia inevitable al sumergirse en este régimen totalitario. ¿De verdad la chica cree que Kim Il Sung proyecta esa imagen en el exterior? Pero continuemos con su exaltación de la humildad y la anécdota de los tres osos.

—El caso es que nuestro Amado Líder —continúa la chica— con toda su humildad eligió el oso pequeño, pero los cazadores, conscientes de su verdadera grandeza, cambiaron la piel de oso en el paquete que le entregaron, y de este modo le regalaron la piel más grande, que es la que vemos aquí expuesta. Era lo mínimo que se merecía.

Reconozco que a veces me cuesta reprimir la carcajada cuando escucho estas leyendas que los guías repiten con una seguridad inquebrantable, casi como si ellos mismos hubieran visto y oído todo lo que pasó con los cazadores y con los osos. Pau y yo nos miramos con empatía. Sé que a él también le está costando no reírse en voz alta. Qué forma tan extraña de justificar la enorme piel de oso que le fue regalada. Era tan humilde... repetimos los dos en voz baja en un gesto de complicidad.

—Solo falta Ricitos de Oro en esta historia —añado sin controlar el volumen de mi voz. Creía que solo me había oído Pau.

—¿Cómo dices? —pregunta Kang.

—Nada, me he acordado de un cuento muy popular protagonizado por un oso grande, otro mediano y uno pequeño —me justifico—. Es la historia de una niña rubia, Ricitos de Oro, que llega a la casa de estos tres ositos por casualidad.

Cuando estabas explicando lo del oso grande, pequeño y mediano me he acordado. Es un cuento tradicional.

—Me encantan los cuentos tradicionales. Luego en el autobús te contaré mi favorito. Recuérdamelo, ahora debemos seguir con la visita.

El palacio incluye regalos del tamaño de un vagón de tren, literalmente, puesto que es uno de los regalos por parte de Stalin y Mao Zedong. Varios coches blindados, colmillos de elefantes labrados de forma exquisita y hasta un oso polar disecado regalo de Canadá. Me pregunto si Japón y Estados Unidos, tan odiados por los norcoreanos, también tienen su representación. Pues sí, con sus banderitas y todo. La explicación que dan a los escolares es que aunque son países enemigos, no pueden dejar de admirar la grandeza del Amado Líder, y por eso también les ofrecen sus regalos. ¿Y España? También está. Una vitrina muestra una caja de madera tallada, un par de jarrones de Salamanca, un plato de Toledo, una figura con el símbolo del PSOE donada por la Fundación Pablo Iglesias y alguna aportación de Santiago Carrillo. Lo más llamativo son sendas figuras de Don Quijote y Sancho Panza. Pero no son regalos oficiales de gobierno a gobierno, sino de personas, a veces anónimas, que han ido y lo han llevado, lo cual cambia bastante la situación. No es lo mismo que un turista estadounidense haya llevado un balón de la NBA porque le ha dado la gana, dentro de sus vacaciones turísticas por Corea del Norte, que un regalo oficial dentro de una visita política entre altas esferas de sendos países. Pero ese detalle no se explica al entrar al museo, y te hacen creer que todos los gobiernos están adulando al Eterno Presidente de forma oficial.

Antes de salir tenemos que hacer una reverencia a una figura blanca de, quién si no, Kim Il Sung. Es una sala que permanece con las puertas cerradas y va pasando la gente de forma rigurosamente ordenada. Nos colocan en filas horizontales y nos explican claramente: Se abrirán las puertas. Pasaremos. Nos acercaremos hasta donde ellos nos digan. Nos quedaremos unos instantes quietos meditando sobre su grandeza y, todos a la vez, le haremos una reverencia para salir después por nuestra derecha. Ordenadamente y sin levantar la voz. Excepto lo de meditar sobre su grandeza, que me lo puedo saltar, tengo que cumplir el protocolo junto a mis compañeros. Algunos norcoreanos salen emocionados. La figura es blanca y está en un hall con tonos rosados donde suena una música celestial. Lo de los norcoreanos con este tipo es equiparable a cualquier religión.

Hacemos un descanso a mitad del palacio —y llevamos un par de horas— para salir a una terraza con unas vistas magníficas. La niebla envuelve un paisaje montañoso y verde interrumpido por un pequeño canal de agua que se divisa al fondo. En Corea del Norte hay más de cien montañas en la parte oriental del país que superan los dos mil metros de altura. Las pocas llanuras se extienden principalmente en la parte occidental. Intento desconectar de tanta autopropaganda mirando el exterior, de la mano de Pau. Por unos segundos, nos alejamos de las conversaciones que nos rodean, sobre la comodidad de las babuchas o el frío que hace dentro del museo, y nos dejamos llevar en un delicado momento de ternura que se interrumpe demasiado pronto.

La retahíla de regalos continúa de forma monótona y aburrida. Por muy bonitas que sean las piezas, al final lo único que estamos deseando es salir de allí, porque hace frío y porque ya son más de tres horas las que llevamos con esta interminable visita. Ya no atiendo a las explicaciones, aunque de vez en cuando asiento con la cabeza para disimular. Pienso en que todavía me duele el estómago, imagino que por el agua caducada que tomé el primer día, y que no me apetece nada repetir una visita como ésta. Según el programa, después de ver el Palacio de la Amistad de Kim Il Sung, hay que ver el Palacio de la Amistad de Kim Jong Il, el del hijo. Tienen que demostrar que el hijo también es queridísimo y respetadísimo, y mostrar su extensa colección de regalos. La idea es tan poco tentadora que le pido a Kang quedarme en el autobús mientras dure la visita.

—No, mujer, con lo bonito que es. Ven y ya verás cuantos regalos le hicieron y le siguen haciendo a nuestro Querido Líder.

—Ya... pero no me encuentro demasiado bien. ¿No puedo quedarme en el autobús? Intentaría dormir, a ver si se me pasa el malestar.

—Puedes quedarte pero con las puertas cerradas. No podrás bajar si cambias de opinión. Si subes al autobús, tendrás que esperarnos dentro sin moverte.

—¡Vale!

Por fin un rato de soledad. Estoy agradecida por este momento. A veces es un poco agobiante ir todo el día con un puñado de observadores, por muy buena suerte que hayamos tenido con nuestros guías. Me tumbo en los asientos traseros del autobús. Las puertas se han cerrado pero el chófer se ha quedado dentro y coloca adecuadamente los espejos para poder observar si hago algún movimiento no debido. No tengo la menor intención, solo quiero descansar, ordenar algunas ideas y cerrar brevemente los ojos mientras los demás compañeros, incluido Pau, miran los tropecientos regalos de Kim Jong Il, que seguro que según los norcoreanos, será el segundo en el ranking de los hombres más humildes del mundo.

El trayecto hasta la siguiente parada se me hace muy ameno. No solo he descansado este ratito, sino que tengo la mente mucho más despejada sabiendo que me he ahorrado una visita soporífera, por lo que cuentan mis compañeros. Kang se sienta a nuestro lado y pasamos buena parte del viaje hablando de cuentos populares.

—Me gustan los cuentos porque me recuerdan a mi hija. Le gusta dormirse después de escuchar algún cuento tradicional. Por eso me gusta tanto contarlos, me hace acordarme de ella.

—¿Tiene alguno favorito?

—¡Oh, sí! Ya lo creo. El que más le gusta es el de la nariz puesta del revés.

—¿Cómo es?

«Érase una vez un niño muy holgazán llamado Pedolhi. Él no quería hacer nunca nada, y cuando sus padres le pedían ayuda, se metía en la cama fingiendo estar enfermo y diciendo que le dolía la tripa, para evitar ayudarles. Ellos, que eran muy buenos, siempre confiaron en su hijo, y por eso le permitían quedarse días enteros en la cama. Pedolhi se tapaba con la manta toda la cabeza para parecer más enfermo, pero de esta manera le costaba respirar. Pensaba que si su nariz tuviera las fosas nasales hacia arriba en lugar de hacia abajo, todo sería más sencillo. Se podría tapar la cabeza entera con la manta y podría seguir respirando sin esfuerzo. Así que un día se lo planteó a su abuelo, que siempre cumplía sus deseos.

Su abuelo le dijo que la petición era una locura, que no podía ponerle la nariz del revés, porque posiblemente se arrepentiría de ello, pero Pedolhi insistió e insistió tanto, que finalmente el abuelo cumplió su deseo y le colocó la nariz con las fosas nasales hacia arriba. Agradecido, el muchacho se metió en la cama y se tapó hasta arriba. Muy contento comprobó que, efectivamente, respiraba mejor y que no tenía que asomar la cara para coger aire. Se sintió orgulloso de su idea y despreció la poca imaginación de los demás, que no habían sido tan inteligentes como él. Una tarde, cuando iba paseando, comenzó a llover fuertemente. Pedolhi no llevaba paraguas ni encontró un refugio cerca. El agua se le colaba por las fosas nasales y no podía protegerse. Intentó taparlas con hojas, pero el propio aliento las hacía volar.

Se tapó con las manos, pero entonces no podía respirar. El agua le provocaba estornudos, y la única manera que tuvo de poder avanzar fue arrastrándose por el suelo, agachando la cabeza todo lo posible, lo que le impedía ver el camino. Así estaba, lleno de barro y tierra, cuando tropezó con un hombre y rodó camino abajo. Ese hombre era su abuelo que se reía a carcajadas.

—Ya te dije que no era una buena idea, pero no me quisiste escuchar.

—Por favor —imploró Pedolhi a su abuelo— colócame la nariz como estaba antes. ¡Te lo pido por favor! A partir de ahora nunca te pediré nada, aprenderé a vivir con conformidad con lo que me han dado. ¡Lo prometo!

—Está bien, sólo de esa manera podrás ser un hombre auténtico.

El abuelo le colocó correctamente la nariz y Pedolhi, desde ese momento, trabajó con honestidad y con ahínco ayudando a sus padres en todo lo que le pidieran.»

—Mi niña disfruta siempre con este cuento —continúa Kang tras la historia—. Le gusta imaginarse al niño con su nariz del revés, y a mí me gusta que aprenda a valorar las cosas que tenemos. La avaricia y los deseos egoístas no llevan a ninguna parte, tenemos que conformarnos con lo que tenemos y ser felices así.

—Ya capto la moraleja, ya.

Intercambiamos algunos cuentos más. En nuestro turno abrimos con los tres cerditos, luego Kang continúa con la historia de dos rocas hermanas, en la que la más pequeña se subleva y le pierde el respeto a la hermana mayor, hasta que un rayo pone a la pequeña en su sitio y le obliga a respetar así las normas jerárquicas establecidas. Casi todos los cuentos que explica Kang tienen una moraleja política que se puede adaptar al régimen. El rato, conclusiones aparte, es muy entretenido. Más cuando alguno de nosotros se atreve a poner voces para dar mayor realismo a los personajes. Pasamos buena parte del viaje riéndonos con nuestras escasas dotes interpretativas.

En el Museo de la Guerra nos recibe la primera mujer militar norcoreana con aspecto provocativo. Hasta ahora las mujeres soldado que habíamos visto llevaban uniformes grandes y anchos, con gorras varias tallas más grande y un aspecto muy poco femenino. Je es diferente. Lleva una ajustada falda de tubo de color caqui, a juego con su chaqueta entallada. Zapatos de tacón, gorra militar ladeada y el puntero negro con el que golpea la palma de la otra mano completan su atuendo. Además es guapa. Parece sacada de una revista erótica en el rol de mujeres uniformadas. Sus tacones suenan con eco en los pasillos del museo, mientras a la sección masculina del grupo les cuesta cerrar la boca. Más que nada porque a la exuberancia de Irina ya se han acostumbrado, y lo de Je es una novedad.

—Estos —dice la guía señalando unos restos de aviones completamente destrozados— son los aviones que usaron los americanos para destruirnos. Mirad cómo quedaron, no sabían con quienes se enfrentaban. Este por ejemplo —y señala un amasijo de hierros retorcidos— fue un avión americano que fue abatido por mujeres norcoreanas. Y en esta parte del museo podemos ver los daños que hicieron los americanos a nuestros aviones. Como veis no es comparable.

Desde luego que no, en este museo han puesto los aviones norcoreanos menos afectados, apenas con cuatro rascaduras. Sin embargo, para representar a los aviones norteamericanos han optado por unos hierros que parecen extraídos de un desguace de coches. No dudo que esos aviones sean reales y que en algunos casos unos y otros quedaron así después de la guerra, solo que hubiera sido más creíble si hubieran equilibrado más los términos. Aunque solo sea para no hacer tan evidente la manipulación.

—Esta foto es del general MacArthur —la chica de revista continúa con las explicaciones—. Era un ídolo en América, conocido porque no había perdido ninguna batalla. En un momento de desesperación, el ejército recurrió a él para intentar ganar la guerra contra Corea y, ¿sabéis?, ésta fue la primera batalla que perdió.

—No es cierto, pero da igual —asegura Jason— diga lo que os diga seguiréis contando esta versión de los hechos. He estudiado la vida de MacArthur y...

—Estas son fotos de prisioneros norteamericanos —le interrumpe Je de forma brusca—. Aquí al lado podemos ver la carta de arrepentimiento de un americano que en 1994 se atrevió a cruzar el espacio aéreo de Corea del Norte. Tenía veintiocho años. Inmediatamente el ejército norcoreano derribó su helicóptero y el individuo fue detenido. Esta es la carta de cinco folios donde reconoce su error y la grandeza de Corea del Norte. ¿Veis? Lo podéis leer, está escrito a mano:

> «Soy el suboficial Bobby Wayne Hall II [...] Fui abatido sobre las 10:45 am del 17 de diciembre de 1994 por el Ejército Popular de Corea, en medidas de legítima defensa, después de haberme introducido ilegalmente en el espacio aéreo territorial de la República Democrática Popular de Corea. [...] Tengo que reconocer que esta acción criminal es inexcusable e imperdonable. Sin embargo, en casa mis padres, esposa e hijos están esperando ansiosamente mi regreso junto a ellos. En el futuro prometo que nunca cometeré tales actos ilícitos en contra la República Democrática Popular de Corea. Sólo espero, y es mi deseo, [...] poder ver a mi familia de nuevo.»

La carta, mucho más larga, incluye numerosos datos de la fecha en la que ingresó en el ejército, el lugar en el que aprendió a pilotar, cuando fue destinado a Corea del Sur, las batallas previas en las que había participado etc. El texto está acompañado de algunas fotos de la detención, donde se ve al joven piloto detenido por los norcoreanos. En la versión que circula en Occidente, Bobby Wayne Hall pasó a territorio norcoreano por error, mientras realizaba un vuelo de reconocimiento, y cuando estaba rectificando el rumbo para regresar a Corea del Sur, el ejército norcoreano derribó el helicóptero a tiros, matando al copiloto, David Hilemon. Pero esto no nos lo han contado en esta visita. Se insiste en que el piloto norteamericano reconoció su grave ofensa y muestran orgullosos la extensa carta de arrepentimiento. Del copiloto nadie dice nada.

—¿Y qué pasa con los prisioneros? —pregunta Jason—. Vemos por todas partes la crueldad que se plasma en los cuadros, con imágenes de las torturas que infringían los americanos a los prisioneros norcoreanos, pero ¿y al revés? ¿Qué le podía suceder a un americano si caía en vuestras manos, como este piloto? ¿También era torturado?

—Nada, nada —responde Kang, aunque la pregunta iba dirigida a la chica sexy del uniforme—. Se les lleva a prisión unos días y luego se van a su país. Nunca les pasa nada. Aquí no torturamos.

—Ya, claro, eso no se lo cree nadie —se le escapa al norteamericano en voz alta.

—¿Perdón?

—Digo que gracias por la explicación —rectifica.

Jason nos mira a Pau y a mí, y con el dedo índice hace un pequeño movimiento circular a la altura de su sien, como diciendo «están locos si se piensan que me voy a creer esto». Nos cruzamos las miradas y reímos por lo bajo, pero muy por lo bajo. Ya sabemos las normas.

Todavía en el museo nos sientan en un minúsculo salón de actos con tres filas de bancos, y nos anuncian que vamos a ver la representación de la «verdadera historia de la guerra de Corea del Norte», la que saben todos los niños norcoreanos desde la escuela.

Se abre el telón y aparece un decorado que podría pasar por un gigantesco portal de Belén, por las figuritas y las montañas de fondo, pero sin portal, claro. Las figuritas, que se supone que son soldados, comienzan a moverse, se apagan luces en algunos puntos del decorado y se encienden otras conforme avanza la historia. En un momento de la representación destacan la importancia de un puente, que facilitaba las tareas logísticas al ejército norcoreano, y que los americanos bombardearon. Sin ese puente los norcoreanos tenían muchas posibilidades de perder la guerra. Y entonces llega el momento estrella: Ante la falta de tiempo material para reconstruir el puente, el pueblo norcoreano, cuya fuerza no conoce límites, optó por una solución increíble. Varios soldados norcoreanos se pusieron debajo del puente, sosteniendo enormes láminas de piedra con sus brazos y, de esta manera, por encima de los soldados, pudieron pasar los tanques norcoreanos al otro lado. Y en la representación se ve a unas veinte figuritas con los brazos en alto, sosteniendo el puente destrozado y haciendo que así puedan pasar todos los tanques.

—¡Esta sí que es buena! —se levanta Jason llorando de la risa—. ¡Venga ya! ¿Unos cuantos soldados con los brazos en alto consiguen que veinte tanques pasen por encima y ni se inmuten? ¡Ya he tenido suficiente por hoy! ¡Como espectáculo de humor no está mal!

Los guías no dicen nada. Sebastien se está riendo inocentemente, como si estuviera asistiendo a una comedia proyectada. Marina ha agachado la cabeza. Irina se está mirando las uñas. Horacio es el único que trata de seguir atento a la representación. Jason no solo se ha levantado, sino que se ha ido a la parte trasera de la sala a esperar el final de la actuación. Solo le falta tumbarse a dar golpes en el suelo del ataque de risa que le ha entrado. Yo aprieto a Pau de la mano, comunicándonos solo por el tacto. Me cuesta no reírme, pero lo consigo. Corea del Norte tiene claro que fueron ellos los que ganaron la guerra de forma aplastante y lo muestran orgullosos. Es comprensible si no te han contado otra cosa en los últimos sesenta años y no tienes la posibilidad de leer nada que diga lo contrario.

A la última parte del museo se accede subiendo unas escaleras. La estrella comunista marca el punto central de un techo colocado a modo de carpa. Una vez arriba, una foto panorámica de 360 grados forma la pared de esta sala redonda. Tiene quince metros de altura y ciento doce metros de largo. Nos sentamos en unos bancos que van girando automáticamente para ver lo que sucede en un día de batalla. Tanques, bombas, disparos, militares corriendo, banderas norcoreanas, fuego, ciudades incendiadas, americanos muertos y norcoreanos victoriosos. Está tan bien pintado, que parece que puedas oler el humo y tocar la sangre. Es la foto panorámica más grande del mundo, insiste la chica del uniforme sexy.

En el restaurante, doy un par de sorbos al consomé y vuelvo a apartar el resto de la comida por culpa de mi estómago. Al menos disfruto de la sobremesa, donde podemos hablar de forma más relajada. Nuestros guías siempre se sientan en una mesa apartada, así que no hay nadie que interrumpa una conversación por no seguir las pautas adecuadas. Aún así, yo trato de ser comedida con mis palabras, pero algunos de mis compañeros hablan sin escrúpulos.

—¡Vaya sarta de tonterías! —exclama Jason—. Hace tiempo que quería conocer Corea del Norte. Desde fuera siempre he admirado su autosuficiencia y su sistema político, cosa que me ha llevado algunas discusiones con amigos y conocidos en mi país. Nunca he sido un defensor a ultranza de nada, pero creía que teníamos mucho que aprender de los norcoreanos y ahora, qué curioso, estoy aquí y apenas me creo nada desde que he llegado. No creo que tenga que añadir mucho sobre MacArthur, el de la foto que nos ha enseñado la tipa. Es todo mentira. El general MacArthur no era un ídolo en América, sino un personaje muy controvertido, anticomunista convencido, admirado por muchos y odiado por otros tantos. No era conocido por no haber perdido ni una sola batalla, de hecho durante la Segunda Guerra Mundial perdió la batalla de Corregidor, en Filipinas, en la que pronunció su famoso «Volveré», y en Corea del Norte no es que perdiera, es que el entonces presidente de los Estados Unidos, Harry Truman, le destituyó por razones militares, básicamente por la insistencia de MacArthur en utilizar armas nucleares en la guerra contra Corea del Norte, cosa que no le fue permitida porque Truman ya estaba con las negociaciones del armisticio. Algunos movimientos polémicos, como filtraciones a la prensa por parte de MacArthur de sus intenciones y sus declaraciones contra la estrategia del presidente Truman, hicieron que éste le retirara de su puesto y pusiera en su lugar al general Ridgway. ¿Y qué es lo que nos cuentan aquí? Algo completamente inventado. Y cuando voy a dar mi versión de los hechos es como si oyeran llover. Si se inventan esto ¿qué más nos están contando que no nos podamos creer? ¿Todo?

Miro de reojo a Kim y a Kang y les veo comer con total naturalidad. Es posible que no hayan oído nada. El grupo aporta su punto de vista, casi unánime. Ninguno de nosotros hemos venido a creernos algo o a dejarnos convencer por las palabras de nuestros guías. Solo es la curiosidad por este país aislado lo que nos trae hasta aquí, no la política, así que las explicaciones de los lugares que vamos viendo, creíbles o no, nos afectan de otra manera. Digamos que era algo que ya sabíamos antes de venir.

—Yo te entiendo —reacciona Irina. Y me sorprende oírle hablar, porque casi nunca lo hace—. Te esperabas una cosa y te decepciona que no se parezca a lo que tú creías. De verdad que te entiendo, pero cuando te quieres dar cuenta ya es demasiado tarde. Así que disfruta del viaje, puesto que ya no puedes dar marcha atrás.

El diálogo continúa con cruces de miradas entre ellos. Irina, que hasta ahora solo había mostrado preocupación por los colores de su vestuario, no tan solo escucha sino que aporta su visión. Es la primera vez en todo el viaje. Y de repente ya no la veo como una buscavidas al servicio del jubilado de turno, sino como una chica que soñó con un futuro mejor y se encontró con algo que no esperaba. Todo tiene sentido.

Al salir pasamos por el gigantesco hotel inacabado que los norcoreanos parecen ignorar. Una estructura piramidal pensada para batir records arquitectónicos y ser uno de los emblemas de la ciudad, pero interrumpida porque la calidad del cemento no aguanta el paso del tiempo. Llevan más de una década diciendo que están a punto de terminarlo. Las obras, sin embargo, parecen estar completamente paradas. La mole se divisa desde varios puntos de la ciudad, andamios incluidos y, a pesar de ese detalle, es posible preguntar a alguien por el famoso hotel sin terminar y que te respondan que no saben a qué te refieres. Si ignoras la realidad es como si no existiera.

Le pregunto a Kang señalando el edificio, pero parece que ella tampoco quiere hablar mucho del hotel fracasado. A punto de terminarse, me dice. Ya, lo mismo que decían hace diez años. Y resulta imposible continuar la conversación.

Irina y Horacio se han sentado en asientos separados. Nada extraño, el autobús tiene cuarenta plazas libres, así que muchos utilizamos dos asientos para poder estirar las piernas o dejar nuestras cosas al lado. Lo que nos sorprende a todos es que cuando sube Jason al autobús, deja sus cosas en un asiento vacío y se sienta al lado de Irina. Como animales de costumbres que somos, casi siempre nos sentamos en la misma disposición cuando subimos al autobús. Sebastien en la primera fila, cerca de Kang. Detrás suelen ir Horacio e

Irina, en la primera mitad del autobús. Marina, Jason, Pau y yo nos sentamos casi siempre juntos, cerca de Kim, en la segunda mitad del autobús. Algunas veces Jason llega hasta la parte de atrás, para aprovechar la única fila con cinco asientos y dormitar en los trayectos largos. Por eso nos llama la atención su cambio de actitud. Horacio está solo dos asientos más adelante. Oigo a Jason e Irina hablar de decepciones y de armas. Irina le enseña su tatuaje en la parte baja de la espalda. Horacio les observa de reojo. Está fusilando a Jason con la mirada. Yo estoy absorta en este espontáneo *menage a trois* cuando veo llegar a Kang.

—¿Os ibais en tren, verdad? —nos dice con una sonrisa—. Tomad, os devuelvo vuestros teléfonos móviles, están en este paquete. Os aconsejo no romper el precinto bajo ningún concepto hasta que hayáis cruzado la frontera con China. Si lo ven manipulado os traerá problemas, seguro.

—Bueno, pero nos iremos en tren dentro de unos días, no ahora. No hemos llegado ni a la mitad del viaje.

—Ya, pero por si acaso, así ya lo tenéis. Por cierto ¿Cómo va tu estómago?

—Ehhhhmm, bien, apenas me molesta ya —miento.

Les pregunto a mis compañeros uno por uno si a ellos también les han devuelto sus teléfonos móviles y todos me responden que no, que los guarda la guía hasta el último día. Me he puesto nerviosa de repente. ¿Y si me mandan a Pekín? Kang me dejó claro que si me seguía encontrando mal, me transportarían a China antes que atenderme en un hospital local. No es un dolor fuerte, solo molesto. El agua o los cacahuetes caducados, imagino, que derivarían en gastroenteritis. Podría tomar suero líquido o alguna bebida isotónica para limpiar el estómago, pero aquí no encuentro nada parecido. Mi única solución es comer poco y no forzar el aparato digestivo, pero eso es lo que he hecho hasta ahora y es lo que ha alarmado a Kang. Ella ha venido tan seria, que me ha parecido como si estuviera preparando mi regreso anticipado. Decido emplear mis esfuerzos en encontrarme mejor. Aunque sea por hipnosis, a partir de ahora, si me preguntan voy a decir que me encuentro de maravilla. Para una vez que consigo el visado de Corea del Norte, prefiero aprovecharlo hasta el final.

Sonrío con premeditación cuando paramos en Mangyondae, en la casa natal de Kim Il Sung. Estoy bien, no me duele nada, trato de autoconvencerme y me deslizo bajo la lluvia para ver una cabaña que parece de cartón piedra, situada en un idílico parque ajardinado. Todo lo que rodea a su lugar de nacimiento es una inmensa zona verde, no hay rastro de casas vecinas.

—Esta humilde morada fue donde pasó su infancia nuestro Amado Líder —anuncia Kang—. Hijo de médicos, aquí podemos encontrar algunos objetos utilizados por él y por su familia.

Es una choza tradicional de campo, de paja y arcilla, dividida en tres edificios que forman una U separados por un patio alargado. La instalación principal se divide en cocina y tres habitaciones. Una para los abuelos, la otra para Kim Il Sung y sus padres, y la tercera para sus tíos y hermanos menores. Los cobertizos laterales hacían de vivienda y de lugar de trabajo, y la sala frontal era la zona de despensa. Las paredes están construidas con hileras de paja perfectamente recortada y conservada. En el interior se ve una imagen enmarcada de Kim Il Sung de niño acompañado de los retratos en blanco y negro de sus padres, también enmarcados. Observo el lugar donde se forja la leyenda, una casa modesta pero no deteriorada. Con aspecto antiguo, pero no viejo. Las esterillas para dormir no están deshilachadas, la máquina para hacer fideos, la rueca y los instrumentos de labranza no están oxidados. La casa, efectivamente, es humilde, pero no parece usada. La presentan como la casa real donde pasó la infancia Kim Il Sung, pero parece un excelente decorado.

Intento saber más sobre la vida personal de Kim Il Sung, aunque es más fácil obtener respuestas sobre sus proezas militares que datos familiares. Todo parece indicar que el dictador se casó dos o tres veces, según la biografía consultada. Las más extensas aseguran que su primera mujer fue Choi Hye Suk, una guerrillera que murió asesinada en manos de los japoneses. Sin embargo, la versión más repetida y la oficial en Corea del Norte, coloca a Kim Jong Suk como su primera y verdadera esposa. Kim Jong Suk es considerada una heroína antijaponesa en la DPRK y un modelo a seguir en la lucha revolucionaria. Sus retratos oficiales también adornan las paredes de gran parte del país. Fruto de este matrimonio nacieron tres hijos: Shura Kim, que murió ahogado siendo un niño, Kim Jong Il, posterior heredero y Kim Kyong Hui, la hija menor. Se cuenta que la madre no permitió ayuda médica en su tercer parto, y que al dar a luz completamente sola en su habitación no logró sobrevivir. Otras leyendas urbanas hablan de asesinato y de un disparo a manos de su esposo en plena pelea conyugal que la desangró hasta morir, aunque esta versión siempre ha sido desmentida. Kang, sin embargo, contaba que Kim Jong Suk había fallecido a consecuencia de un cáncer de mama con treinta y tres años. Es muy difícil saber cual de todas las versiones es la verdadera.

Tras la muerte de su esposa, Kim Il Sung volvió a contraer matrimonio en 1952, esta vez con Kim Sung Ae, secretaria del alto comando militar soviético estacionado en Corea del Norte y, según las malas lenguas, amante continuada del dictador durante el matrimonio anterior. La vida de Kim Sung Ae se narra de forma confusa en los libros, con versiones contradictorias y poca información. Su rostro no aparece en los retratos oficiales, y cuando se habla de la esposa de Kim Il Sung, todos nombran a la heroína, nunca a Kim Sung Ae. Fuentes no oficiales hablan de que con su nueva esposa, Kim Il Sung tuvo otra hija (Kim Kyong-Jin, 1953) y dos hijos

(Kim Pyong Il, 1955 y Kim Yong Il, 1957), pero pocos en Corea del Norte han oído hablar de ellos. El más conocido políticamente es Kim Pyong Il, que en 1979 fue destinado como embajador a diversos países europeos para mantenerlo alejado de las decisiones políticas en su país natal. Actualmente vive en Polonia.

Trato de continuar con el árbol genealógico para entender mejor la paradójica dinastía hereditaria comunista, pero me cuesta mucho seguir la línea sucesoria. Toda la información se limita a Kim Jong Il, ensalzado hasta la saciedad, dejando al resto de hermanos en segundo plano. Eso sí, las leyendas que revolotean alrededor del nacimiento de Kim Jong Il son dignas de mención.

Los biógrafos oficiales del régimen hablan de una golondrina que presagió el nacimiento de un héroe en lo alto del monte Paektu en un campamento militar de resistencia contra la ocupación japonesa. Y no solo eso, sino que esa noche, la del 16 de febrero de 1942, apareció una nueva estrella en el cielo y —¡a la vez!— un doble arcoíris. Da igual que sea contradictorio, está escrito en las biografías oficiales y por tanto no se puede poner en duda. La cara de Jason al escuchar esta versión es desternillante. Nuestro compañero de viaje se apoya en un árbol y trata de contener la carcajada, pidiendo disculpas por su actitud. Está tan concentrado en que no se note que está llorando de risa, que ni siquiera argumenta nada en contra esta vez.

—¿Un doble arcoíris y una nueva estrella? Es perfecto. ¿Quién podría imaginar algo tan bonito? —ironiza.

Las fuentes occidentales y surcoreanas, sin embargo, hablan del nacimiento de Kim Jong Il en otro lugar, un campamento militar siberiano situado en la aldea rusa de Viatskoe, en otra fecha, un año antes, y con otro nombre, Yuri Irsenovich Kim. Y por supuesto, sin doble arcoíris, ni golondrinas ni nuevas estrellas en el cielo, en un momento mucho menos heroico. Ninguna de las dos partes cree en la versión del bando contrario.

Lo curioso es que al parecer en el momento del nacimiento nadie dijo nada. Ni en su caso ni en el de sus hermanos. El pueblo supo de la existencia de Kim Jong Il varios años después, cuando se presentó como el heredero del régimen y comenzó a aparecer en las fotos oficiales. Entonces forjaron la leyenda. Algunos norcoreanos aseguran recordar la noche en la que vieron un doble arcoíris y una estrella al mismo tiempo. Así garantizan su fidelidad al régimen.

—Y respecto a Kim Jong Il —le pregunto a Kang, intentando entender los lazos familiares de la dinastía— ¿Se sabe cuándo y dónde han nacido sus diferentes hijos?

—¿Qué hijos?

—¿No tiene cuatro hijos?

—No.

—¿No?

—Bueno, no sé. Creo que tiene uno o ninguno. No sabemos mucho de la vida privada de nuestro Querido Líder.

—Ah. En el extranjero se dice que tiene cuatro hijos reconocidos de diferentes mujeres y algunos no reconocidos.

—No, qué va. Seguro que son mentiras de los americanos. Es posible que tenga un hijo, pero no lo sé. Y lo más seguro es que solo haya tenido una esposa.

—Creía que algo tan importante como un casamiento o un nuevo hijo del Gran Líder sería tratado como un fenómeno mediático. ¿Nadie en Corea del Norte lo sabe?

—Yo no lo sé.

En cuanto puedo le pregunto a Kim con idénticos resultados. Cree que es posible que tenga un hijo, aunque no lo puede asegurar. Tampoco me sabe decir cuántas esposas ha tenido el Querido Líder. Me hace reflexionar. Había leído en Internet que la vida privada de los líderes políticos era tan opaca que los que sabían más de lo necesario eran juzgados y condenados para evitar filtraciones. Pero no me lo había creído. Leí el testimonio de una desertora, que consiguió escapar tras nueve años en un de campo de prisioneros políticos sin saber cuál era la acusación contra ella. Durante los meses de tortura supo que su delito había sido ser «amiga de la segunda esposa de Kim Jong Il» y atesorar demasiada información sobre su vida privada. Cuando lo leí, pensaba que *demasiada información* consistía en tener acceso a informes privados o conversaciones confidenciales. ¿Es posible que sea mucho menos que eso? ¿Es posible que saber el número de hijos o de esposas del líder sea delito? ¿Es una estrategia para poder modelar mejor la leyenda adecuada cuando salga el sucesor? Estos planteamientos, evidentemente, no los puedo realizar en voz alta.

Recopilo en mi cabeza todas las referencias que yo había leído, siempre en Occidente, sobre la vida privada de Kim Jong Il.

Se le atribuyen un mínimo de tres mujeres y cuatro hijos oficiales. Su primogénito Kim Jong Nam, nacido en 1971, es hijo de su romance con la actriz Song Hye-Rim con la que parece que nunca se llegó a casar. Su única esposa legal, supuestamente escogida por su padre, es Kim Young Suk, con quien tuvo una hija en 1974 llamada Kim Sul Song. Según las fuentes consultadas, todas occidentales, la compañera sentimental más estable ha sido Ko Young Hee, bailarina y madre de sus dos vástagos menores, Kim Jong Chul y Kim Jong Un, nacidos ya en la década de los ochenta. En agosto de 2004 se rumoreó que Ko había fallecido a los 51 años de edad víctima de un cáncer de mama o en un accidente, según las fuentes, y que eso había provocado una fuerte depresión en el líder, información negada en todo momento por el gobierno norcoreano. También de forma no oficial, se habla de su secretaria personal, Kim Ok, como su nueva compañera sentimental tras la muerte de Ko Young Hee. Pero aquí, dentro del país, nadie sabe nada.

En el momento de hacer el viaje tampoco se sabía, ni dentro ni fuera, quién iba a ocupar el puesto de Kim Jong Il como sucesor. Durante mucho tiempo, todo parecía indicar que Kim Jong Nam, el primogénito, sería el heredero de la dinastía, hasta que protagonizó el sonado incidente del aeropuerto de Tokyo en el 2001, donde fue detenido, acusado de intentar entrar al país nipón con un pasaporte dominicano falso. En sus declaraciones, Kim Jong Nam argumentaba que solo quería visitar la Disneylandia japonesa. Su arresto fue una noticia con tanta repercusión internacional que su padre le apartó drásticamente del poder. Los japoneses aseguraban que no era la primera vez que Kim Jong Nam había tratado de entrar en Japón clandestinamente y que era uno de los clientes habituales de la casa de masajes de Yoshiwara, uno de los barrios de prostitución de Tokyo. Desde entonces, Kim Jong Nam vive entre Pekín y Macao, sin intenciones de regresar a su país.

Descartada la posibilidad de Kim Jong Nam como heredero, los analistas examinaron con minuciosidad al resto de candidatos. Chang Song Taek, casado con la hermana de Kim Jong Il, es el número dos del régimen y el máximo confidente del líder por lo que durante mucho tiempo también se especuló con su ascenso a la cima del poder. Los otros candidatos eran sus otros dos hijos varones puesto que, a efectos de sucesión, la presencia de su hija Kim Sul Song es inexistente.

De su hijo Kim Jong Chul se rumoreaba que tenía una pose demasiado afeminada para dirigir un país. En palabras de uno de los cocineros de Kim Jong Il, el líder consideraba que su segundo hijo era como una niña pequeña. En Occidente son más agresivos en las declaraciones, dando por segura su homosexualidad, pero la homosexualidad no existe en la DPRK, ya nos lo ha dicho Kang y, como no existe, ese detalle no puede ser mencionado. Actualmente Kim Jong Chul trabaja en el departamento de propaganda del partido.

El último candidato a la sucesión es Kim Jong Un, el hijo menor. Demasiado joven y sin experiencia militar para ser un Líder creíble, decían los analistas, pero el favorito de Kim Jong Il.

En este contexto se enmarca este viaje, cuando todavía no se conoce el sucesor, y por tanto nadie sabe decir nada de sus hijos. Las dos únicas personas norcoreanas con las que puedo hablar sin limitaciones, Kim y Kang, no me han sabido responder. ¿Me pasaría lo mismo si le pregunto a una persona al azar?

—Te he visto comer mejor— me dice Kang después de la cena— ¿Estás bien?

—Oh sí, estupendamente —afirmo— el estómago ya no me duele, y como he comido bastante estoy con energía. Gracias por preguntar.

Sabía que me estaba observando. Por eso me he propuesto cenar sea lo que sea y hacerlo además sin dejar de sonreír. Por un momento me he sentido demasiado cerca de la deportación, así que en el restaurante del hotel río, como, comparto y hablo con una naturalidad que me sorprende. Estoy tan mentalizada de que no me va a doler que al final no me duele. Autohipnosis a pleno rendimiento. ¿Sirvo como actriz? ¿O simplemente sirvo como ciudadana norcoreana?

El cumpleaños de Marina finaliza en el bar con una ronda de cervezas a la que solo asistimos Jason, Pau y yo. El resto de compañeros están invitados, pero no acuden.

—Todo el día hablando del King Kong éste, de verdad, qué pesadez —resopla Marina aprovechando la ausencia de guías.

—¡Shhht! ¡Pero no hables tan alto! —le avisa Jason— Como te oigan llamarle King Kong, te acusan de traición y blasfemia sin que te dé tiempo a rectificar.

—Chico, es que yo me lío, entre el Kim Jong Il, que le llamo King Kong para abreviar, el Kim Il Sung, y la Kim Jong

Suk que fue la mujer de Kim Il Sung y que, por lo que cuentan, debía de ser fina... pues eso, que me lío. Y lo de los hijos ya se me escapa, Kim Kom Kam Chan Son Kong Sul Kang... Es onomatopéyico, una locura. Nombrar a la alta cúpula militar se parece al ruido de abrir un armario lleno de cacerolas que se caen al suelo. Los acabaré llamando King Kong a todos.

—Marina, contenta... estoy viendo a Kim entrar en el bar. Seguro que se acerca.

—¡Pero si es que todos se llaman Kim! ¡Qué lío!

Kim entra en la conversación señalando la gorra que lleva Pau. Es una gorra negra con una estrella roja que se compró en alguna tienda de souvenirs chinos.

—¡Hey, Che! Me gusta tu gorra, con la estrella comunista, sí señor. Te pareces al Che cuando la llevas puesta. ¿Conocéis al Che? Ese revolucionario boliviano.

—No nació en Bolivia —le corrige Jason—. Allí fue donde murió.

—Ah, pues cubano. Ernesto Che Guevara.

—Tampoco era cubano... lo que pasa es que luchó por la revolución cubana y se convirtió en un símbolo internacional de la revolución, pero en realidad nació en Argentina. Y murió en Bolivia.

—Bueno en cualquier caso, Pau se parece al Che —alude Kim—, así, con esa gorra. Gran tipo, un auténtico héroe.

Su diálogo me sirve para demostrar que aunque sea mal y por encima, sí que ha oído hablar del Che. Llevaba esa duda en la cabeza desde que leí *Diarios de Corea*, de Bruno Galindo. El periodista español comparte su viaje con un grupo en el que en un momento concreto se plantea esa cuestión: ¿Saben los norcoreanos quién es el Che Guevara? Bruno Galindo narra la secuencia especificando cómo la guía que les acompaña se va de la conversación sin poder responder. No lo conoce. Y eso plantea una discusión sobre los conocimientos históricos de la población norcoreana. En este caso Kim, posiblemente por su educación en Cuba, al menos sabe quién es y qué hizo. El periodista que planteó la pregunta en el viaje de Bruno Galindo se habría llevado otra impresión si hubiera conocido a Kim.

Reconozco que la actitud de nuestro guía me sorprende y me despista. Habla con admiración y respeto de sus líderes, es fiel a sus ideas (no son suyas, son las del régimen) y a Kim Jong Il, pero a veces se muestra más abierto y más sincero de lo que podría haber imaginado, especialmente bajo los efectos del alcohol. Quizá por eso, por lo interesante de su conversación cuando se engancha a su licor blanco, le invitamos a una copa detrás de otra. Además de decir alguna barbaridad, se muestra más suelto con el idioma y más simpático de lo habitual. Kim bebe casi de forma violenta, como si le fuera la vida en ello.

—¿Todos los norcoreanos bebéis tanto? —le pregunta con sorna Jason mientras le paga su tercera copa.

—Los hombres sí. Nos gusta beber.

—¿Las mujeres no beben?

—Noooo. No está bien visto.

—¿Qué más cosas están mal vistas en una mujer y no en un hombre?

—Principalmente beber y fumar. Eso es cosa de hombres. Una mujer fumando no está bien vista. Ni una mujer con el pelo muy corto o de aspecto masculino. Si te fijas casi todas se dejan crecer el pelo. Los hombres, sin embargo, siempre lo llevamos muy corto. Yo he visto algunos extranjeros varones con el pelo largo, como tú —señala a Jason—. Eso aquí es muy raro, parecen chicas. Pero en general en la DPRK hay mucha igualdad entre hombres y mujeres.

—¿Sería posible un matrimonio mixto? —pregunta Jason, retirando un mechón de su melena tras la oreja— ¿Estaría permitido un noviazgo entre una norcoreana y un extranjero? ¿Qué pasa si yo, por ejemplo, me enamoro de una chica de aquí?

—Mmm —tarda unos segundos—, lo que pasa es que a las norcoreanas no les gustan los extranjeros. Más bien os odian. No conozco a nadie que se haya enamorado de un extranjero, aunque no haya ninguna ley al respecto. Imagino que si sucediera se podrían casar, siempre que él se trasladase a Corea del Norte y aprendiese y aceptase la ideología Juché. Pero creo que no ha pasado nunca. Ellas no quieren extranjeros. Es una fuente de problemas, chico.

—¿Y qué pasa si alguien, extranjero o norcoreano, se niega a aceptar alguna de las múltiples normas del régimen? —estas preguntas las hacemos ahora porque el alcohol le sincera. Seguramente la misma pregunta por la mañana hubiera obtenido una respuesta vaga y ambigua.

—Eso no puede ser, si te niegas es porque lo haces conscientemente y eso es una falta de respeto muy grave. Nuestro Eterno Presidente hizo mucho por nosotros, él amaba a su pueblo y nosotros lo amamos a él. No aceptar sus normas, pensadas siempre para el bien de todos nosotros, es como darle la espalda a aquel que te da de comer. Él es el padre de este pueblo y, ¿cómo pretendes que esté bieeen visto ofender a un padre? Si alguien lo hace, lo ingresarían en un campo de reeducación, para enseñarle los verdaderos valores de nuestra sociedad y que nuuunca olvide la gran labor de nuestro Amado Líder Kim Il Sung.

Los campos de reeducación son la forma suave de denominar a los campos de concentración. Muy pocas personas han conseguido escapar de ellos y escapar a su vez de Corea del Norte. Los más valientes tratan de cruzar la frontera con China clandestinamente, la mayoría a través del río Tumen en el Norte o del río Yalu más al Sur. Estos ríos durante la estación más fría suelen quedarse helados en determinados tramos y, si se consigue eludir el control policial y cruzar el río sin que se resquebraje la superficie, es la única manera de llegar al otro lado. Así lo cuentan los pocos desertores que han salido con vida en el intento de escapar del país. Hablan de las torturas sufridas en los campos de «reeducación», cómo los militares les obligaban a permanecer de pie en una minúscula habitación, esposados y con agua hasta la cintura, de modo que no podían ni sentarse ni tumbarse en ningún momento, durante varios días ininterrumpidos. Dormirse significaba morir. O cómo eran obligados a beber litros y litros de agua por un embudo, para luego saltar sobre las abdominales hinchadas de las víctimas. Esa es la forma de «reeducar» según los testimonios que se plasman, por ejemplo, en el descorazonador documental *Acceso al Terror* de la BBC. Por supuesto, Corea del Norte acusa a los periodistas de manipuladores y niega por completo la veracidad de esos testimonios, cuya difusión es impensable dentro de las fronteras del régimen. Los norcoreanos, por tanto, siguen aislados. Hablan de los campos de reeducación como aulas de enseñanza de valores. Solo los que lo han vivido saben que hay realmente allí. Un militar exiliado ofrecía su versión de los hechos a los medios occidentales. Trabajó en un campo de reeducación en el nordeste del país. Él era el encargado de torturar aleatoriamente a los presos. Para ascender en su incipiente carrera militar, contaba cómo humilló y pegó a una persona completamente inocente hasta dejarla inconsciente, tirada en el barro, solo porque uno de sus superiores estaba cerca y él quería demostrar ante sus ojos que era un militar fuerte y sin escrúpulos. Esa paliza le valió el honor de ser trasladado a una zona fronteriza, donde solo los militares más fieles al régimen y con más méritos acumulados pueden estar. Una vez allí recapacitó sobre los hechos y, milagrosamente, consiguió escapar del país. Sabe que si vuelve, será asesinado acusado de traición.

Kim todavía no está lo bastante borracho como para que yo me atreva a decir esto delante de él. Yo solo reflexiono.

Recuerdo lo leído, recuerdo lo visto y lo contrasto con su versión idílica del país. Él sigue hablando, ahora del servicio militar. Los hombres lo hacen obligatoriamente durante tres años. Para las mujeres es voluntario. La noche avanza entre copa y copa.

—Desde luego —apunta Marina—, a mí esto de oír tanto *King Kong* por un lado y *Kin Kun* por el otro, me parece alucinante. Nunca había visto una adoración a ningún líder tan extrema. Una competencia muy dura para cualquier otro tipo de religión ¿no? Por que más que político, aquí el *Kin Kun* ése o como se llame parece un líder religioso, dotado de poderes milagrosos y leyendas que ya les gustaría a Jesucristo, el príncipe Siddharta y Mahoma juntos, y que me perdonen el atrevimiento si me escuchan desde algún lado, que soy atea pero respeto mucho.

Kim ignora la espontaneidad de Marina con los nombres mal puestos de los líderes y con sus intrépidas comparaciones. Por un momento hasta he temido una represalia inmediata, pero Kim está contento, relajado y continúa hablando con total normalidad.

—Es que aquí apenas hay religión —confirma—. La mayoría somos completamente ateos. Tampoco sé distinguir mucho entre unas religiones y otras.

—Pero, por ejemplo, ¿sabes cuáles son las grandes religiones que dominan nuestra época? ¿Sabes algo, aunque sea por encima, del cristianismo, el budismo, el islam o el hinduismo? ¿Del confucionismo quizá, por la cercanía con China?

—No, no mucho. Pero supongo que serán como todas las religiones, habrá cielo, infierno y cosas así.

—No exactamente. Por ejemplo, algunas religiones no hablan de cielo o infierno sino que defienden la reencarnación.

—¿Qué es eso?

—Pues que, cuando alguien muere —continúa Marina— su alma sigue viva y se traslada a otro ser, dando lugar a una nueva vida. Así eternamente o, en el caso del budismo, hasta que alcanzas el nirvana. Pero no te voy a liar con ritos y filosofías, que tampoco me quiero ir por las ramas y me pasa habitualmente, que empiezo a hablar de una cosa y acabo hablando de otra completamente distinta. Simplemente en algunas religiones se defiende la idea de que tu alma, antes de estar en tu persona, podría haber estado en el cuerpo de un rey, de un ladrón o de un escarabajo. Vete a saber qué podrías haber sido tú hace mil años.

—¡No pueeedo creerlo! ¡Es de lo mejoooor que me han contado! Reencarnación, ¡ésta me la apunto! ¿Te imaginas? ¡Yo un escarabaaajo! ¿Y qué hacen cuando muere alguien? ¿Empezar a buscar por la tierra a ver en qué se ha convertido? ¡Qué divertido! Están locos estos extranjeros —Kim se parte de risa.

—Todos los ritos suenan extraños fuera del contexto habitual —comento—. ¿Qué se hace aquí cuando muere un norcoreano?

—Algo más normal. Un funeral dura unos tres días. Se coloca el muerto en el ataúd, se entierra y la tumba, con forma de pequeño montículo como las que hemos visto estos días, se cubre de césped. Enfrente se coloca una mesa de piedra y a un lado una lápida. Durante el chusok, que es una fiesta típica del otoño, se suelen visitar las tumbas de los antepasados.

—Pero nada religioso.

—Qué va. Este es un país libre. No hay religión oficial, cada uno puede elegir la que más le guste, pero yo no creo en dioses. Solo creo en el Líder.

Marina tiene razón. Kim Il Sung parece un líder religioso. Los norcoreanos no bendicen la mesa, dan las gracias a Kim Il Sung por los alimentos. No hablan de santos ni de profetas, hablan de su líder y aliados. Veneran su imagen, ensalzan sus actos, se reúnen periódicamente para comentar sus enseñanzas, cantan canciones en su honor y crean leyendas alrededor de su fecha de nacimiento. Los norcoreanos convierten en lugares sagrados aquellos vinculados a la vida del líder, acuden en peregrinación a su mausoleo, temen la condena si se falla en los mandamientos del partido y albergan la esperanza de ser más felices al seguir las pautas indicadas. Los norcoreanos afirman que el líder es eterno. Es el guía espiritual, omnipresente y todopoderoso que permanece vivo tras su propia muerte. El líder posee conocimientos infinitos y bondad inagotable. El líder premia a los fieles y castiga a aquellos que osan salirse del rebaño. Y el pueblo responde, por voluntad o por obligación, con fe ciega e incuestionable.

Terminamos nuestras consumiciones y dejamos a Kim solo, bebiendo, antes de retirarnos a la cama.

—Buenas noches Kim, que descanses.

—Buenas noches. Recordad que mañana visitamos el mausoleo de nuestro Amado Líder. Preparad bien la vestimenta antes de salir, nada de zapatillas deportivas o chanclas; obligado el traje y corbata para ellos, o al menos camisa, aunque sea sin corbata. Nada de camisetas. Para ellas algo elegante; zapatos de tacón si es posible y, sobre todo, nada de sport. No se puede ir sucio o arrugado, es una falta de respeto al Líder ¿entendido?

—Sí, más o menos. Ya nos habían avisado.

Fue uno de los numerosos e-mails con instrucciones que recibimos antes de entrar en el país. Aunque no nos lo dijeron de una forma tan taxativa.

7. El parque de atracciones

Nos disfrazamos. Pau jamás ha utilizado un traje. Para que la experiencia no sea tan traumática decide ir sin corbata, aunque cede en ponerse una camisa. Yo, que tampoco acostumbro a usar ese tipo de vestuario, le pedí a mi hermana algo de su ropa de trabajo, una falda estrecha y camisa abotonada que me hacen parecer una ejecutiva. Empieza el desfile del resto de compañeros. Irina baja con un minivestido estampado de una gasa casi tranparente. Según cómo le da la luz, se adivina la silueta de lo poco que esconde. Lo complementa con unos zapatos de tacón de aguja. A su lado, Horacio realmente parece un mendigo. Se ha puesto la camisa por obligación, pero es una camisa hawaiana que le hace parecer más un guiri de playa que otra cosa. Sorprendentemente, está limpia. Jason va con traje y corbata, me cuesta reconocerlo en plan galán. Marina y Sebastien han optado por trajes elegantes, clásicos y discretos. Todos comentamos nuestro aspecto durante el desayuno, nos hace gracia el vernos tan arreglados por prescripción del programa.

Una pareja de italianos, a los que conocimos en Pekín, desayuna en la mesa de al lado. Al rato se acercan a saludarnos a Pau y a mí.

—¿Qué tal pareja? Nos vimos en la embajada, si no recuerdo mal. Veo que hemos coincidido en el mismo hotel.

—¿Cuál si no? —sonreímos.

—¿Qué tal os está yendo el viaje?

—De momento sin problema. Es más o menos como nos habían dicho que sería.

—¿Y lo de los guías? ¿Cómo lo lleváis? Nosotros ya no podemos más, ¡y solo llevamos tres días!

—Bueno, tenemos un guía muy simpático que cuando se emborracha dice muchas barbaridades, es divertido. Y una chica más seria, que lleva más tiempo trabajando aquí, pero que tampoco nos atosiga demasiado.

—¿No os atosiga? Ahora mismo os los cambiaba por los nuestros. No nos dejan ni a sol ni a sombra. También son un chico y una chica, están todo el tiempo encima de nosotros. A veces, cuando les digo que voy al baño, me los encuentro esperándome en la puerta para volverme a acompañar a mi sitio. Una pesadez. Solo estamos relativamente tranquilos durante el desayuno y dentro de la habitación del hotel.

—Creo que eso es lo habitual. Es posible que nosotros hayamos tenido un poco de suerte. Están con nosotros, sí, pero somos siete viajeros y se tienen que repartir. Igual por eso no es tan agobiante.

—Ya te digo. Si algún día regreso a Corea del Norte, que lo dudo, creo que lo haría también en grupo. Siempre es más fácil aguantar a dos guías entre siete que entre dos. ¡Qué paciencia!

Nos deseamos buena suerte para el resto del viaje, y nos ponemos en marcha.

La luz del día es fría en Pyongyang. Plana. Casi opaca. La ciudad de los sauces, en palabras de un folleto encontrado en el hotel, apenas tiene sauces. Las ramas estáticas de los ailantos, enebros y moreras de papel se desdibujan fugazmente a nuestro paso. El autobús recorre calles limpias y grises, amplias y sombrías, mientras los norcoreanos se dirigen a sus lugares de trabajo de un modo tan ordenado que parece que sigan el dibujo de una línea de puntos invisibles marcada en el suelo.

El Mausoleo de Kim Il Sung es descomunalmente grande. Y un poco absurdo, porque se debe dar un rodeo a pie por el interior del edificio solo para obtener la sensación de que es más grande de lo imaginado, cuando en realidad es una especie de laberinto enrevesado donde después de muchos metros se acaba en el punto de inicio. Si cualquier norma nos parecía extrema, aquí se multiplica. Este es el lugar más sagrado para los norcoreanos, lo más parecido a un lugar de culto religioso, pero con Kim Il Sung como centro de toda la atención.

Por primera vez veo clases sociales. Corea del Norte, el último bastión comunista, cuyos habitantes exhiben orgullosos el lema de «todos iguales», y en este lugar, sin embargo, se mezclan hombres y mujeres bien vestidos al lado de campesinos de mirada perdida, con ropajes modestos, que son traídos en masa desde sus aldeas y que denotan pobreza sin poder ocultarla. Las personas de cada rincón del país son llevadas hasta aquí, obligatoriamente, al menos una vez en la vida, como si de la peregrinación a La Meca se tratase. En el caso de los que viven en Pyongyang, Kang nos cuenta que suelen visitar el mausoleo todos los jueves y domingos, en señal de respeto y admiración. Destacan los grupos de militares, o los grupos de mujeres, algunas con traje de chaqueta y otras con el *hanbok*, el traje tradicional. Se ven diferencias abismales en el vestir. ¿No facilita la ropa el gobierno? ¿Les da peores ropajes a unos que a otros? Para empezar veo dos tipos de trajes tradicionales. El vistoso, siempre de colores muy llamativos, se va ensanchando debajo de los hombros, como si fuera un cono, y llega hasta los pies. El otro traje tradicional es muchísimo más discreto, con las mangas en color blanco y el resto en azul marino, hasta debajo de la rodilla. Se parece más al uniforme de algún coro musical o de un colegio de monjas que a un traje tradicional.

—¿Qué diferencia hay entre llevar un traje tradicional u otro? —le pregunto a Kang—. ¿Depende de algo en concreto?

—No, simplemente cuando nuestro amado Kim Il Sung llegó al poder, cambió el traje tradicional, demasiado estridente, por uno mas discreto acorde con sus ideales. Pero con el tiempo se dio cuenta de que no debería haber quitado algo tan arraigado como son los trajes regionales y volvió a permitir y promover el uso de los anteriores. Además, las ceremonias así quedaban mucho más vistosas. La cuestión es que a algunas personas no les ha llegado todavía el nuevo traje, y van con el antiguo. De ahí la diferencia.

—¿Y por qué no hay niños aquí? Corea del Norte está llena de niños por las calles, pero aquí no veo ninguno.

—Es que hasta los 18 años no está permitido entrar en el mausoleo. Los dieciocho años se considera en la República Democrática Popular de Corea la mayoría de edad.

Todos debemos seguir una fila estrictamente ordenada y organizarnos en grupos hasta para entrar en los ascensores. Dejamos todas las pertenencias, cámaras de fotos, bolsos y objetos personales en la taquilla. Empiezo a andar por unos rodillos giratorios situados en el suelo, cuya función es, atención, limpiar las suelas de los zapatos para que nuestros pasos queden libres de impurezas. Los pasillos son tan largos que están provistos de cintas andadoras, como en los aeropuertos. Unos metros más adelante hay que pasar bajo un aparato que exhala una ráfaga de aire vertical especialmente potente. Su función es eliminar cualquier mota de polvo de la ropa. Por un momento me traslado mentalmente a la típica atracción de feria, con suelos movedizos, ventiladores escondidos y obstáculos divertidos, con tanto rodillo y ráfaga de aire pero, ojo, no me puedo reír. A dos chicas les acaban de llamar la atención por eso mismo. El circuito previo a la entrada finaliza con el inevitable cacheo y revisión. Ya está, ya estamos preparados para presenciar el cuerpo presente del dictador.

El mausoleo se divide en varias salas. En la primera, una estatua gigante de Kim Il Sung domina una estancia cuyo fondo de escenario es la reproducción de una puesta de sol.

En Corea del Norte, las palabras estatua del líder y gigante son redundantes. Es evidente que todo lo que sea para ensalzar al líder se hace a lo grande. Nadie se atrevería a crear una estatua de Kim Il Sung a escala real. Siempre hay que dar la sensación de grandeza.

De ahí pasamos a la particular sala de llantos. Se llama así. Hace unos años, una joven se encargaba de explicar la historia de Kim Il Sung con unas dotes interpretativas tan elevadas que todos los norcoreanos acababan llorando después de escucharla. Ante el discreto aumento de turistas, el gobierno ha decidido crear unas audioguías, con el mismo discurso interpretado en decenas de idiomas. A la entrada, dos azafatas reparten las audioguías con el idioma correspondiente. Me pongo los auriculares: «Ésta es la historia de un hombre humilde —la voz en off acentúa intencionadamente todas las sílabas de humilde—, un hombre indispensable, un hombre comparable al sol, que nos da luz y calor, un astro al que solo le guiaron los más nobles sentimientos...». Después de unos minutos alabando la inmensa bondad de Kim Il Sung, detalla cómo su muerte supuso un golpe insuperable para el pueblo norcoreano: «La noche del 8 de julio de 1994, este suelo se vio inundado por las lágrimas del pueblo, convertidas en destellos como diamantes» y otras hipérboles en esa línea contadas en un perfecto español desgarrador y sobreactuado.

Recuerdo perfectamente el año 1994, cuando murió Kim Il Sung de un ataque al corazón a los ochenta y dos años. Las noticias internacionales en Occidente se hicieron eco, sí, pero destacando la esperanza de un cambio político, más que la lamentación de su muerte. Eso sí, las imágenes de la televisión norcoreana dejaban sin habla a cualquiera. «¿Por qué? ¿Por qué nos haces esto? Nuestro sol se ha apagado. Es imposible resumir la tristeza de tanto dolor ¿Quién nos guiará en el oscuro camino de la vida si tú no estás?», eran algunas de las frases de los dolidos norcoreanos que gesticulaban exageradamente ante las cámaras. Hasta los periodistas locales que entrevistaban a los afligidos habitantes rompían a llorar en mitad de las noticias, teniendo que interrumpir la conexión debido a la tristeza ante la ausencia del ídolo. En la audioguía se explica su muerte como una gran tragedia para toda la humanidad. «Nadie puede entender tanto dolor —insiste la voz grabada—, Kim Il Sung nos dejó sin su luz y tuvimos que aprender a vivir con el dolor permanente en nuestro interior. El dolor de su ausencia insustituible.»

Cuando ya hay varias personas llorando, principalmente entre los norcoreanos, es el momento de pasar a otra sala, la sala donde está el cuerpo. Tenemos que formar grupos de cinco o seis personas y pasar ordenadamente. Suena la canción de Kim Il Sung, el himno, y se nos indica que hay que hacer tres reverencias, la primera a los pies y otras dos en los laterales del cuerpo. La fila va rodeando la urna donde el cuerpo iluminado de Kim Il Sung permanece inmóvil, tapado con una manta a la altura del pecho y la cabeza descubierta. La reverencia hay que hacerla todos a la vez, una, dos y tres. Casi prefiero hacer la reverencia y mirar al suelo, que mirar el rostro relleno de algodón de Kim Il Sung.

El recorrido no ha terminado. Hay que pasar obligatoriamente por una nueva sala donde se expone el vagón de tren particular y el coche que utilizaba para moverse por el campo. Se supone que tenemos que admirarlo. Y después, la sala de condecoraciones. Centenares de medallas que, según afirman, le han concedido en prácticamente todos los países del mundo. Perú se repite por encima de la media. Inevitablemente busco las aportaciones españolas. Veo dos, en una de ellas se lee «Fundación Pablo Iglesias», y en la otra «Medalla de la Asamblea de Madrid.»

Por fin fuera. La enorme plaza revestida de granito, de líneas rectas, amplias, grises y frías está presidida por un edificio coronado con el mosaico del rostro de Kim Il Sung. Se ve una consigna en un lateral de la plaza con letras coreanas —*¡Gran Líder, siempre estarás con nosotros!*— y numerosas banderas de la DPRK.

—Qué bonita nuestra bandera. ¿Sabéis porqué es así? —nos pregunta Kim—. Mirad, la estrella roja de cinco puntas refleja la tradición de la lucha por el socialismo, el rojo es en honor a la sangre de los mártires revolucionarios, las dos franjas azules representan los ideales de independencia, amistad y paz, y el blanco simboliza la homogeneidad del pueblo norcoreano, con una historia larguísima, una brillante cultura y un pueblo inteligente. Esos somos nosotros. Brillantes e inteligentes.

Su discurso tan optimista me hace recordar un chiste que me contó un amigo surcoreano cuando le hablé de mis planes de viaje: «Ante una imagen de Adán y Eva, varios expertos se reúnen para discutir sobre su lugar de origen.

—Adán y Eva nacieron en Mesopotamia —dice uno de ellos —, allí es donde se tiene que situar el jardín del Edén, solo tenemos que leer la Biblia.

—No, no, no —corrige otro—. Su nacimiento histórico debería estar en la zona del Cáucaso, puesto que allí se originó el árbol del manzano y Adán es tentado con una manzana. Son caucásicos.

—Disculpad —interrumpe un tercero—, Adán y Eva son norcoreanos.

—¿Norcoreanos? —se extrañan todos los presentes.

—Está clarísimo. No tienen ropa, apenas tienen comida y sin embargo se creen que están en el paraíso.»

Kim me parece el mejor ejemplo para aplicar este chiste. Un norcoreano feliz, seguro de vivir en un paraíso donde él mismo se considera brillante e inteligente. No sufre la manipulación porque carece de perspectiva y, por tanto, opina que su nación realmente es amistosa y pacifista. La bandera que nos ha descrito fue adoptada el 8 de septiembre de 1948, así que la larguísima historia a la que hace referencia se reduce a poco más de seis décadas. Kim observa orgulloso la fila de banderas. Mientras, los norcoreanos que salen del mausoleo se turnan para hacerse fotos de grupo en unas pequeñas tarimas escalonadas que hay a los lados de la plaza. Siempre van ordenados. Una plaza de 75.000 metros cuadrados y no se ve a nadie fuera de su lugar. La gente se sienta o se pone en cuclillas, pero siempre dentro de un orden. Solo un par de cisnes nadan sin dirección aparente en un pequeño río que bordea la plaza.

Pau y yo nos hacemos algunas fotos de recuerdo en la plaza. Kim se une porque le gusta verse luego en la pantalla. Siempre me pide que agrande la foto, en la zona de su cara, para verse mejor y se ríe con una inocencia sorprendente cuando ve su rostro sonriente aumentado en el visor de la cámara. Irina anda haciendo sus poses de modelo. Ahora apoyada en el puente, ahora como si anduviese distraídamente, ahora lanzando un beso a la cámara. Horacio sonríe cada vez que ella guiña el ojo en una de sus poses estudiadas. Sebastien y Marina se intercambian recetas de cocina y Jason está hablando con Kang. Dentro de la tensión predominante, estamos tranquilos y relajados.

No todos los grupos de turistas pueden decir lo mismo. Observo a un extranjero de unos cincuenta años con un impresionante equipo fotográfico encima. Otro que no vieron en el escáner. El hombre está a punto de cometer un error: enfocar hacia un grupo de soldados. No sé si lo habrá hecho como acto de rebeldía o qué habrá pasado por su cabeza, porque dudo de que no le hayan insistido tanto como a nosotros con la prohibición de fotografiar soldados. Apenas dos segundos después, un norcoreano, presumiblemente el agente del gobierno asignado para él, se echa a correr y le quita la cámara de un manotazo, mientras grita unas cuantas frases en un idioma que no consigo deducir. Está enfadado y se le nota. El agente le confisca la cámara y empieza a borrarle todas las fotos. No se la devuelve, al menos por ahora. A mí también se me había pasado por la cabeza saltarme alguna de sus normas sutilmente, para ver qué pasaba, pero el desconocido turista ya lo ha hecho por mí. Y ya sé que no es broma. Debería darle las gracias.

Sin darme cuenta he cogido más confianza con Kim que con la otra guía que nos acompaña. Será porque Kim se pone siempre a nuestro lado y hablamos más. Eso hace que haya una especie de complicidad que no tengo con Kang. Me siento relativamente más cómoda haciendo preguntas incómodas. Kim es más nuevo, y por tanto más inocente. No mide tanto sus palabras y a veces incluso se le escapa alguna declaración fuera de tono. Por eso, en los ratos de espera, siempre acabo hablando con él.

—Dime Kim, ¿cuál es el horario habitual de un norcoreano? —le pregunto—. Porque en España tenemos fama de hacerlo todo tarde, nos levantamos, comemos, cenamos y nos acostamos más tarde que cualquiera de nuestros países vecinos. ¿Cómo es aquí?

—Depende de cada persona y de cada trabajo, obvio. La mayoría se despierta sobre las siete de la mañana. La jornada laboral suele transcurrir de ocho a cinco, parando una hora sobre las doce para comer. La cena suele ser entre las seis y las siete y nos acostamos a las diez. Yo, personalmente, siempre me acuesto más tarde, pero eso es porque me quedo haciendo deporte todas las noches. Quiero ser más fuerte y hago ejercicios a diario, antes de dormir, para desarrollar mi masa muscular. Quiero tener un cuerpo perfecto, verme en el espejo y sentirme orgulloso de mí.

—¿Para que las chicas te miren?

—Para ser más fuerte que cualquiera de mis enemigos.

—Toma ya. Vaya declaración de intenciones. ¿Y qué sueles hacer? ¿Flexiones?

—Sí, y abdominales, estiramientos... eso y una dieta adecuada son las claves.

—¿Y en qué consiste aquí una dieta adecuada? No me creo que lo que comemos los turistas en los restaurantes sea lo que comen los norcoreanos en sus casas. Aquí nos sirven un montón de platos, siempre muy abundantes, lo cual me hace dudar de que esa sea vuestra dieta habitual. Y no me refiero a la escasez o la abundancia de alimento, que es otro tema aparte, sino que ¿quién va a preparar doce platos distintos para comer y otros tantos para cenar?

—Es que nuestro concepto de alimentación es muy distinto al vuestro. Pero, si te sirve como respuesta, lo habitual en una familia norcoreana suelen ser más de tres platos en cada comida. El desayuno siempre es kim chi, una especie de ácido láctico fermentado, como una mezcla de verdura tipo acelga o col, sopa y arroz con picante, que a veces lleva cebolla, ajo, pimiento o frutas, según la especialidad. Eso no falta en ningún hogar. Si vivieras aquí desayunarías kim chi a diario. El almuerzo es más fuerte, suelen ser más de tres platos, algo de carne, vaca o cerdo sobre todo, también pollo o pato y la cena es suave.

—¿Y toda esa comida la proporciona el gobierno?

—No toda, pero bastante. El gobierno nos da a cada familia catorce kilos de arroz, una botella de aceite, patatas y veinte kilos de maicena una vez al mes. El gobierno siempre se preocupa por nosotros.

—¿Y durante la hambruna? No habría habido tantos miles de muertos si se hubiera cumplido esa distribución.

—Esa época ya está superada. Es lógico que si pasan varias temporadas sin lluvias y con malas cosechas no se pueda repartir suficiente comida. Pero nuestro Querido Líder siempre trata de dar lo mejor a su pueblo. Ellos no se pueden inventar una buena cosecha, pero sí que pueden repartir lo poco que se ha cosechado. Cuando hay escasez de comida, hay escasez para todo el pueblo. Cuando hay abundancia, también nos beneficiamos todos. Ellos y nosotros. El Gran Líder tiene un corazón muy grande.

Puestos a matizar, yo creo que tiene más grande su barriga que su corazón. Todos, absolutamente todos los norcoreanos que vemos por la calle son extremadamente delgados. Sin embargo Kim Jong Il es un tipo orondo y con barriga prominente, que no denota en absoluto la posibilidad de haber pasado hambre recientemente. Es el único norcoreano gordo que he visto en los periódicos. Él y los miembros de su familia, todos de constitución fuerte. Da la impresión de que la hambruna no afectó a todos por igual, por muy igualitario que pretenda ser el gobierno. Según testimonios recogidos en la frontera de Corea del Norte, el norcoreano medio come habitualmente sopa de gachas de maíz y poco más. No hay comida suficiente. Las raciones son escasas y la carne es un lujo solo accesible para las altas esferas. Sin embargo, los hijos de militares y de altos cargos del estado comen habitualmente arroz blanco de alta calidad, carne, huevos y pescado. No todos son iguales, por mucho que lo repita el sistema. Algunos comen, otros no. Kim niega de forma rotunda esas desigualdades, pero me gustaría preguntarle lo mismo en alguna ronda de cervezas, donde no es tan cuidadoso con sus respuestas.

El autobús nos pasea por calles con escaparates. Se me hace raro pero estoy viendo escaparates de ropa, mochilas, menaje de hogar y también de trajes tradicionales. Me llama la atención porque suponía que la propiedad privada no existía. La mayoría de las calles están ocupadas por casas y edificios institucionales, sin apenas vida comercial, así que ver un escaparate, aunque sea aislado, hace que me gire para asegurarme de que es real. Como los trayectos los realizamos siempre en autobús, solo los veo rápidamente a través de la ventanilla y nunca tengo tiempo para fijarme en los detalles.

Paramos en una galería de arte. Un paseo por la historia pintada de Corea, nos cuentan. Y, a pesar de que me gusta el arte, el recorrido por el museo se me hace eterno. Cada cuadro viene acompañado de una extensa explicación en coreano y su correspondiente traducción. Así durante más de cuatro horas. ¡Cuatro horas! El grupo se arrastra entre bostezos y caras largas a partir de la segunda o tercera sala. Si hay veinte cuadros en una sala, aunque sean similares en técnica y estilo, nos explican los veinte. Uno por uno. Y resulta soporífero escuchar la misma explicación veinte veces seguidas. Hubiéramos disfrutado más si nos hubieran permitido visitar la galería a nuestro ritmo, parándonos en las obras más llamativas, pero se arriesgaban a que terminásemos el recorrido en tres minutos. Así que aguantamos como podemos y, personalmente, intento disfrutar la parte artística. Apenas hay obras originales, las pinturas más antiguas son réplicas del siglo v. Se va apreciando la evolución del color mientras se avanza cronológicamente. Principalmente hay retratos de reyes, escenas de vida cotidiana, algún paisaje y un poco de cerámica. Lo que me resulta más interesante, porque es algo imposible de encontrar en otro rincón del planeta, es la parte moderna dedicada a la pintura propagandística del régimen hecha a témpera. Todo son retratos de Kim Il Sung con obreros, con soldados, con niños, con campesinos, con maestros... hay un Kim Il Sung para cada momento. Piensa en un oficio: seguro que hay una representación en pintura de Kim Il Sung con el gremio, sea cual sea. En un dibujo aparece arriesgándose a cruzar una línea de defensa muy peligrosa pero, ya se sabe, era el más valiente del mundo, además del más humilde. En otro se ve a Kim Il Sung cavando un hoyo rodeado de obreros. Ahí está, mano a mano con los trabajadores, cavando como el primero para hacer muestra de su humildad, aunque, un momento, hay algunas diferencias. En el mural, todos los obreros están manchados de tierra y sudor. Sin embargo, el aspecto de Kim Il Sung es impoluto. Una brillante camisa blanca a juego con sus dientes y ni una gota de sudor. Lo que más gracia me hace es que en todas las pinturas, como norma ineludible, Kim Il Sung aparece más alto, más esbelto y más estilizado que los demás. Da igual que se le represente con mineros o con deportistas, Kim Il Sung siempre va a estar pintado a mayor altura y el blanco de su traje siempre va a ser más cegador que el de los demás. Y lo mismo sucede con Kim Jong Il, lo que aún tiene más gracia porque es un presidente especialmente bajito, de un metro sesenta de estatura. En las fotos siempre es más bajito que su oponente, pero en los cuadros no. Él es más alto, más guapo y más imponente que el resto de la plebe. Supongo que los artesanos tendrán que acatar esas normas de descarada manipulación para que sus cuadros se consideren «bien hechos».

Hay un espacio al final de la galería para carteles propagandísticos, e imágenes pintadas a dedo sobre arena. Se me hace tan largo el recorrido, que casi lo que más me gusta del museo es pararme y asomarme por la ventana. Fuera hay unos chicos jugando a bádminton despreocupadamente sin camiseta. Cerca hay un puesto de helados. Me gusta ver a los niños saboreando el helado, al margen, concentrados en que no se derrita antes del siguiente lametazo. Esa escena cotidiana y llena de ternura me hace más llevadera la interminable visita al museo.

Nuestra siguiente parada es la Torre Juché, un enorme obelisco de ciento setenta metros de alto que finaliza en una antorcha. Otro monumento inaugurado con motivo del cumpleaños del Eterno Líder, en esta ocasión, en 1982, cuando cumplió setenta años. Las fechas de los cumpleaños de ambos líderes se consideran días de fiesta nacional en el país, los norcoreanos están obligados a hacer espectaculares desfiles masivos, llenos de coreografías milimétricas, en su honor. Aparte, cada año la celebración se completa con alguna inauguración de monumentos gigantescos para contribuir a la grandeza de los dirigentes. Una parte del grupo quiere subir a lo alto de la torre. Jason, Pau y yo nos quedamos con Kim, abajo, mientras Kang sube con los demás. En la parte delantera de la torre hay una escultura formada por tres personas que sostienen en lo alto, respectivamente, una hoz, un martillo y un pincel. El pincel es la aportación de Kim Il Sung a la clásica hoz y martillo comunistas. Según cuentan, es porque la política Juché también incluye a los intelectuales, de ahí el pincel. El matiz que no señalan es que los intelectuales en Corea del Norte no son los que piensan, pintan o escriben con talento y espíritu crítico, sino los que piensan, pintan o escriben según las normas del partido. Solo se puede ser intelectual de una manera muy concreta, acorde con la política extrema del país.

Al lado de la torre, el río Dedong muestra dos potentes surtidores apagados, aunque Kim insiste en que cuando están encendidos lanzan chorros de agua a ciento cincuenta metros de altura. No lo podemos comprobar.

Damos un rodeo a la torre y observo que en la parte trasera hay placas de diferentes países. Aquí no veo ninguna placa de España, pero las procedencias son de lo más variadas: «El Comité internacional de Malta para el estudio de la idea Juché», «Grupo de estudio de la idea Juché de Jamaica», «Grupo de estudio del presidente Kim Il Sung y la idea Juché. Isadan, Nigeria», «Comité portugués del estudio del kimilsunismo»... Si esos grupos estaban formados por tres personas o por trescientas, no se especifica. Antes de que Kim nos diga nada, ya deducimos:

—Sí, era taaaan querido en el mundo, que todos los países querían aportar su placa para la construcción de esta torre ¿no?

—Eeeeso es —sonríe Kim satisfecho de que hayamos captado la idea.

—Bien Kim —le espeta Jason— ¿y tú, podrías hacernos un resumen de lo que es la filosofía Juché? Porque sinceramente, desde fuera, a mí me resulta un poco confuso.

—La filosofía Juché la creó nuestro Amado Líder. Él, como sabes, era inmensamente sabio y creó esta idea en la que se basa el partido, que se podría resumir en algo como que «cada uno es dueño de su destino», o algo así.

—¿O algo así? ¿No tenéis unas máximas que aprenderos ante una pregunta como la que te he hecho? Tu respuesta me parece excesivamente ambigua.

—Sí, sí. Te lo explicaré un poco mejor. Las protagonistas de la revolución son las masas populares y la fuerza que las impulsa. El dueño del destino es uno mismo, poseedor también de la fuerza que lo forja. ¿Lo entiendes?

—Lo que pasa es que resulta un tanto contradictorio, ¿no? —Jason siempre las suelta así de directas— Me refiero, la idea de que cada uno es dueño de sí mismo, no la veo clara aquí, donde nadie puede hacer nada por sí mismo. ¿Realmente tú eres el dueño de tu destino? En cualquier otro lugar del planeta a lo mejor, aquí estás obligado a hacer lo que te digan. El régimen es el dueño de tu destino, no tú.

—Mira, los americanos os pensáis muchas cosas extrañas sobre Corea del Norte porque os lavan el cerebro —el ataque directo de Jason le hace ponerse a la defensiva—. Esto es un estado democrático, observa el nombre: República Popular De-mo-crá-ti-ca de Corea. Aquí no hay explotadores como en tu país capitalista. Todos, todos los norcoreanos somos camaradas y nos ayudamos mutuamente para hacer de Corea un gran país. Todos somos uno.

—Ya, lo de la democracia personalmente me hace mucha gracia —continúa Jason—. Es muy típico de los países dictatoriales añadir la palabra «democracia» por algún lado como atenuante. Laos, Corea... hay muchos ejemplos. ¿Acaso hay más partidos políticos que el de Kim Il Sung?

—Claro que sí. Estás tremeeeendamente equivocado. Aquí hay tres partidos políticos. El que está en el poder es el Partido del Trabajo de Corea. Luego está el partido socialdemócrata de Corea y por último el partido chondoísta Chong-U. Cada uno puede votar al que más le guste. Si sale elegido siempre Kim Jong Il es porque es el más votado, así de simple. Y por favooor, cambiemos de tema. Me da la impresión de que solo quieres criticar algo que no conoces. Es nuestro sistema y somos felices así. Lo compartas o no lo compartas, te pido un poco de respeto, ¿de acuerdo?

—Perdona Kim —acepta Jason—, no era mi intención faltar al respeto. Hablemos de otra cosa, entonces. ¿Qué problemas tiene aquí la gente? ¿Cuáles son las preocupaciones más repetidas?

—¿Problemas? Ninguno. ¿Qué problemas podríamos tener?

—No sé, por ejemplo la falta de dinero, crisis económica, aumento de paro, dificultad para conseguir un trabajo o una vivienda… son problemas habituales en muchas sociedades.

—Pero aquí nosotros nada más nacer tenemos una vivienda gratuita que nos proporciona el gobierno. Tenemos educación. Tenemos trabajo. Tenemos comida. Tooodos. El partido cuida de nosotros. Lo único que nos puede preocupar es la salud. Nuestro líder nos proporciona un excelente sistema sanitario pero no puede regalarnos una vida completamente sana, así que en realidad es lo único que nos preocupa. No caer enfermos ni nosotros ni nuestros seres queridos. Sí, esa es nuestra única preocupación.

—¿Y los jóvenes no tienen preocupaciones sobre su futuro?

—Nooo, ¿cómo iban a tenerlas? Si destacan en algún campo concreto cuando son estudiantes, como un deporte o asignatura, el gobierno potenciará sus capacidades y podrán dedicarse a lo que les gusta de forma profesional. Pero si no destacas en nada tampoco hay problema. El partido tiene trabajo para todos. Eso nunca puede suponer un problema. No tenemos paro, no tenemos hipotecas ni vuestro sistema capitalista que tantos problemas os da. Esto es Corea del Norte. Aquí somos felices.

Jason le mira con los ojos entrecerrados, dudando de la veracidad de sus palabras. Kim le sostiene la mirada. Podemos sentir la tensión entre ambos. Finalmente, Jason da media vuelta y se aleja unos pasos a observar la orilla del río. No quiere seguir en la conversación.

—He observado que los cortes de luz son constantes —interviene Pau—. Excepto esta torre, que siempre veo iluminada, de repente la ciudad se queda a oscuras. ¿A qué se debe?

—Estamos pasando un periodo de escasez eléctrica, por culpa de Estados Unidos —asegura señalando a Jason, a unos quince metros, con la mirada—. Mientras no derrotemos a los imperialistas, seguiremos teniendo problemas de energía debido a su política opresora e islacionista. Los americanos tienen la culpa de todo. Les odio. Ojalá mueran todos.

Siento un escalofrío al escuchar su deseo. Lo dice con tanta rotundidad que asusta. Jason se ha alejado unos metros y, por tanto, no puede haberlo oído, pero la sensación es muy violenta incluso sin Jason en el grupo.

—¿De verdad crees en lo que me acabas de decir? —pregunta Pau.

—En lo más profundo de mi corazón.

—Me das miedo, Kim. En Estados Unidos hay gente despreciable, como en todas partes. Pero también hay gente maravillosa. No puedes odiarles a todos.

—Odio su política.

—Algunos americanos también odian su propia política. Jason, por ejemplo, es un tipo crítico con todo lo que le rodea. Critica Corea del Norte porque está aquí, pero también critica con empeño el sistema capitalista. No puedes odiar a una persona que no conoces.

El intento apaciguador de Pau no obtiene respuesta durante unos incómodos segundos, donde nadie dice nada. Jason sigue alejado del grupo, sentado en unas escaleras frente al río. No ha oído nada. Pau y yo seguimos callados. El resto de viajeros sigue en lo alto de la torre.

—¿Tenéis alguna otra pregunta? —propone Kim—. De otro tema, si es posible.

Esa es la manera. Cambiar de tema. El ambiente está demasiado enrarecido, así que hablar de otros asuntos se perfila como la mejor opción.

—Bien Kim, cambiemos de tema —esta vez soy yo la que tomo la iniciativa—. Cuéntanos, ¿Qué asignaturas son las que se potencian en la escuela?

—Hasta los doce años, las asignaturas son matemáticas, lenguaje, educación física, pintura y música.

—¿No hay historia? Suele ser una asignatura común.

—No, en el primer ciclo, solo esas. A partir de los doce años se pasa a otro ciclo formativo y se añaden biología, química e inglés. Las clases se dividen en grupos de unos quince alumnos y se realizan de lunes a sábado. El domingo es fiesta.

Así que estudian el idioma de su antológico enemigo desde la adolescencia. Eso significaría que si trato de hablar en inglés de forma básica con algún joven estudiante, debería entenderme... aunque no lo reconozca. Respecto a la ausencia de historia como asignatura, supongo que con la incesante propaganda del partido ya tienen suficiente dosis de visión norcoreana a todas horas.

En ese momento bajan los compañeros que habían optado por subir a la torre. Marina baja indignada.

—Vaya pérdida de tiempo. Subir a la torre ha sido una inmensa tontería. He pagado un dinero para ver la ciudad desde lo alto y solo he visto una niebla espesa en la que no se podía distinguir nada. En fin, ahí estaba, visión en blanco, digo yo que ya nos podrían haber avisado de que no se iba a ver nada de nada. Para rato hubiera subido yo a la torre de haberlo sabido.

Marina y Jason son las personas con las que más hablamos. Es inevitable que se formen grupos, y que sientas más afinidades con unos que con otros. En este caso, Pau, Jason, Marina y yo nos sentamos casi siempre juntos y tenemos más confianza con Kim que con Kang, aunque a Jason se le nota un interés creciente por Irina. Ella y Horacio van casi siempre con Kang y apenas hablan con nadie. Ni siquiera entre ellos. Sebastien va de grupo en un grupo, con sus graciosos andares de pies separados y su aire de eterno despistado.

Todos juntos, una vez más, nos vamos al cementerio de los mártires revolucionarios, en el cercano monte Desong. Un campo de lápidas alineadas escrupulosamente va cubriendo una colina presidida por una enorme bandera de granito rojo con la tumba de Kim Jong Suk, esposa de Kim Il Sung y madre de Kim Jong Il.

—Pero a ver, que alguien me lo explique —solicita Marina muerta de risa—. Tanto Kim, tanto Kim ¿Aquí tooooodos se llaman Kim? ¡Y la pregunta va en serio!

Kang sale a su paso indicándole que baje la voz.

—Kim es el apellido. Lo que pasa es que cuando nos presentamos a alguien siempre lo hacemos con el apellido. El nombre de pila se usa solo con amigos y familiares. Y efectivamente, Kim es uno de los apellidos más comunes de Corea del Norte, como podría ser García o González en Argentina.

—¿Y es cierto eso de que si dos personas tienen el mismo apellido no pueden casarse? —interviene Horacio—. Lo había leído en algún sitio.

—La norma es que si coincide el primer apellido tuyo con el de tu amada, no puedes casarte con esa persona, puesto que seguramente ambos sean descendientes de la misma familia.

—Pero si casi todos se apellidan Kim —insiste Marina riéndose—. ¡Eso deja al ochenta por ciento de la población sin posibilidad de matrimonio!

—Kim, como digo, es un apellido muy común, pero tiene siete raíces diferentes. Es decir, que los orígenes de ese apellido están ligados a siete familias que no tenían nada que ver las unas con las otras. Por tanto, si dos personas del mismo apellido comprueban que pertenecen a raíces distintas, pueden casarse sin mayor problema. La regla simplemente es para evitar matrimonios entre familiares.

Me imagino lo curiosas que podrían ser las conversaciones de cortejo, indagando en el árbol genealógico en la primera cita, no vaya a ser que después de dar el primer paso se descubra que en el siglo XII sus familias hayan sido parientes.

Vamos pasando por las diferentes lápidas escalonadas. Hay un total de cien lápidas de color blanco, coronadas por bustos personalizados, con el rostro de cada uno de los difuntos. No sé que tienen los cementerios, que me resultan atractivos. Siempre que realizo un viaje trato de incluir la visita a algunos cementerios locales. No lo hago por morbo, aunque pueda parecerlo. No me gusta la muerte ni jugar con lo que la rodea. Simplemente es una forma muy personal de disfrutar del arte. Me gusta ver la evolución de las tumbas, las modas funerarias, imaginarme cómo eran las vidas de los que ahora están allí, cuando aún no estaban allí. Me gusta pasear por la parte vieja de los cementerios porque suelen estar poco transitadas, y la soledad me inspira y me incita a reflexionar. Este cementerio, a pesar de las connotaciones políticas, me parece bonito, ordenado, perfecto, cada lápida con su correspondiente retrato en escultura. Cada uno de los rostros es diferente, como los guerreros de Xian. En la lápida se inscriben cuatro fechas, la del nacimiento, la del ingreso en el ejército, la de la primera participación en la revolución y la de la muerte. Por ejemplo, en la de Kim Jong Suk, la esposísima, se lee 1917, 1931, 1935 y 1949. Detrás de algunas de las lápidas se leen otras inscripciones numéricas, pero no en todas. Kang nos explica que esas inscripciones traseras corresponden a las tumbas en las que además del mártir, se ha enterrado allí a la mujer del mismo. Repaso los retratos. De los cien, una decena pertenecen a mujeres. Mártires revolucionarias que dieron su vida por el país, con sus correspondientes bustos personalizados sobre la lápida.

Pendiente de hacer alguna que otra foto, veo corretear a una ardilla entre campanillas violetas. Me produce tanta simpatía que voy detrás de ella para intentar enfocarla. Cuando estoy a punto de hacer «clic», me encuentro en el visor de mi cámara dos enormes botas militares aplastando al animalillo, con el gesto del que apaga un cigarro contra el suelo. De la impresión que me causa la escena se me cae la cámara de las manos y, aún sin poder reaccionar, veo cómo la ardilla pierde su vida a pisotazos y golpes por unos soldados. Mientras todavía respira, le cortan la cola con unas tijeras. La agonía del animal se me contagia. Aún sobrevive, pero los soldados se encargan de golpearla y saltar sobre ella hasta la muerte. Tengo el corazón encogido al ver con qué rapidez y con qué indiferencia se han cargado al animal.

—¿Por qué la habéis matado? ¿Qué os ha hecho esa ardilla?— me atrevo a preguntarles en inglés.

—Las ardillas destrozan nuestros árboles frutales —me contestan los militares— ¡Debemos matarlas a todas!

Kang me arrastra hasta el autobús y me desplomo en mi asiento. Sigo sin entender por qué lo han hecho, por qué de ese modo, y tampoco entiendo por qué le han cortado la cola a tijeretazos. Haciendo un gran esfuerzo, podría llegar a entender que no sean bienvenidas si es cierto que destrozan los árboles de los que ellos se alimentan. Haciendo otro gran esfuerzo, podría entender que ellos vean la cola como una fuente de ingresos con la que traficar, puesto que el pelo de cola de ardilla es el que se utiliza para hacer pinceles o para la pesca con *streamer*, es decir, un cebo que imita un insecto al que van los peces. Pero ni por esas lo entiendo. No de esa manera. No con esa sonrisa de satisfacción al cortarle la cola, no cuando los veo riéndose a carcajadas, pisoteando los restos del animal muerto. El incidente me deja sin ganas de hablar. Me limito a escuchar a los demás y ni los disparates que cuenta Kim me hacen reaccionar.

Oigo cómo cuenta al resto de viajeros que los norcoreanos inventaron la imprenta metálica, ochenta años antes de que lo hiciera Gutenberg en Alemania.

—Sí, sí, anteriormente se hacía con planchas de madera, pero era muy lento, así que los talentosos tipógrafos de Corea del Norte inventaron caracteres de metal e imprimieron libros como el «zikzisimkiong» en 1377. Y Gutenberg no desarrolló su invento hasta 1440. Ya lo veis. Ese libro aún se conserva. De hecho se pudo ver en París, en la exposición general de la «historia de los libros» en 1972, donde llamó mucho la atención, porque había gente que no sabía que nosotros lo hiciésemos antes y mejor que los occidentales. Nuestros son los primeros caracteres metálicos en el mundo.

—Chico, Kim, ya no sé si esta vez es verdad o no. Como nos rodeáis de tantas mentiras, ya me pierdo. Algo había oído de los antecedentes chinos y coreanos de la imprenta que se desarrolló posteriormente en Europa, así que igual hasta tienes razón pero, como según vosotros habéis inventado hasta la prehistoria... pues ni me lo creo... ¡Anda! ¿Qué es eso? —se interrumpe Jason a sí mismo— ¿Qué son esos hierros? ¿Eso es un parque de atracciones?

—Sí, un parque. Para divertirse.

—¿De verdad es un parque de atracciones? Así, con norias, montañas rusas, autos de choque y cosas de esas.

—Siiiií.

—¿Y está abierto ahora o está abandonado?

—Peeero qué preguntas más raras haces, Jason. ¡Pues claro que está abierto! —e inmediatamente después de decir esta frase, Kim agacha la cabeza bajo el asiento, para no ser visto más que por Jason y nosotros, y mueve la cabeza negativamente.

¿Entonces está o no está abierto? ¿Es posible que Kim actúe de una manera si Kang puede verle y oírle y de otra si está solo con nosotros? Pau me aprieta la mano en señal de atención ante lo que está pasando. Los dos permanecemos atentos a la conversación entre Jason y Kim.

—Ya, pero... a ver como te lo explico —insinúa Jason—. Es que me cuesta creer que podamos ver a norcoreanos divirtiéndose. Todo es tan gris aquí... ¿Qué pasaría por ejemplo, si yo quiero entrar allí?

—Mmmm, mira, ese parque está abierto pero está un poco, no sé la palabra, como pasado de moda, ¿entiendes? No va mucha gente, porque hay otro parque mucho más nuevo y mucho más moderno que el que has visto por la ventanilla. La gente suele ir al otro, porque las atracciones están mejor y el ambiente es mucho más festivo.

—Entonces, ¿podríamos ir esta noche? Yo, por ejemplo, me presento allí y ¿me dejarían pasar?

—Tendrías que ir con uno de nosotros, con Kang o conmigo —eso lo dábamos por sentado— pero sí, claro, no habría problema.

Jason se entusiasma como un niño y lo plantea a todo el grupo.

—¡Vamos, vamos, vamos! Atención compañeros, hay posibilidad de hacer algo fuera de programa, colarnos en el parque de atracciones ¿Alguien se apunta? Yo voy seguro. ¡Me muero de ganas!

Pau me mira con complicidad. Sabe que aprovecharía cualquier iniciativa «fuera de programa». Sale mi primera sonrisa después del incidente de la ardilla, y los dos levantamos la mano.

—¡Sí, nosotros vamos! —anuncia Pau.

—Será divertido, me uno —continúa Sebastien.

—¿Tú que dices Irina? —le pregunta Jason para confirmar la lista.

—No —contesta Horacio por ella—, nosotros nos quedaremos en la habitación, ¿verdad, cariño?

Irina no dice nada. Ni a Horacio ni a Jason. Se limita a enredarse un mechón entre los dedos y permanecer callada.

—Bien —contabiliza Jason— de momento cuatro confirmados. ¿Marina? ¿Tú qué dices?

—¿Pero tú me ves cara de subirme en uno de esos aparatos? Ni loca. Si no lo he hecho en mi país, no lo voy a hacer aquí, que yo tengo vértigo. Nada, nada, os lo dejo a vosotros, valientes. Yo me quedaré en el hotel.

Kim propone continuar con las visitas programadas y después de cenar acudir con nosotros cuatro al parque de atracciones mientras los demás permanecerán en el hotel. ¿Será posible en este caso hacer cambios del programa sobre la marcha? ¿Son entonces más flexibles de lo que nos habían dicho? ¿Ha sido casualidad? Lo comprobaremos esta noche. De momento, continuamos nuestra ruta prevista, haciendo una parada en el metro de Pyongyang.

Documentándome antes del viaje a Corea del Norte, leí en varios foros y periódicos algunos artículos dedicados a la habitual visita al metro. En uno de ellos se especulaba con la posibilidad de que no existiera tal metro, y que solo fuese un montaje más, alegando que en el recorrido turístico solo se permite el acceso a dos estaciones concretas. El metro, como el resto de transportes públicos de Corea del Norte, es solo para los norcoreanos. Los turistas podemos verlo y usarlo en condición de turistas, con guías y grupos organizados, sin posibilidad de comprar un billete por nuestra cuenta. Las dos paradas que se visitan son las mismas para todos los extranjeros. «¿Habría alguna más?», se preguntaba el autor. La conclusión a la que llegaba en su análisis era que no existía tal metro, pero para demostrar a los pocos turistas occidentales sus habilidades logísticas, habían creado dos estaciones fantasma, a las que bajar a los occidentales y volverles a subir. Me resultó difícil encontrar libros medianamente objetivos, aunque éste tampoco llegue a serlo. O eran defensores a ultranza de la política dictatorial de Kim Il Sung y se deshacían en alabanzas hacia una vida llena de hazañas heroicas e indescriptibles, o se pasaban al lado contrario donde el escepticismo era tan intenso que acababa por desvirtuar también la vida real de los norcoreanos. Ni tan buenos ni tan malos, pienso yo. Dudar de que el metro es real o no, me parece demasiada incredulidad por parte del autor. O realmente los norcoreanos son unos auténticos genios creando estaciones de cartón piedra y actores contratados.

En realidad, lo que veo al entrar a la estación es un mapa con las dos líneas de metro que cruzan la ciudad, la roja y la azul. Entre las dos suman dieciséis estaciones, una de ellas en común.

Le pido a Kang que me traduzca algunas de las palabras en coreano que salen en el mapa. Son los nombres de las paradas, muy simbólicos todos ellos: Enriquecimiento, Gloria, Antorcha, Victoria, Reunificación, Retorno Triunfal, Campo Dorado, Estrella Roja o Camarada, entre otros. Los norcoreanos pagan 5 wones (1 euro = 140 wones) por billete, el equivalente a unos 0'05 euros, es decir, unas veinte veces menos de lo que se paga en Madrid en las mismas fechas. Veo a los norcoreanos comprar sus billetes, veo varias señales de metro repartidas por la ciudad y gente que baja y sube a través de ellas, así que no parece que sea un decorado. El hecho de que solo podamos acceder a dos estaciones —y el recorrido entre ambas—, imagino que tendrá más que ver con que serán las dos más bonitas, más luminosas, menos estropeadas o lo que sea, pero querrán mostrar lo mejor de sí mismos, y no llevarnos por las estaciones más descuidadas. Digo yo. Las escaleras mecánicas bajan. Bajan más. Un poco más. Siguen bajando. Aún no han terminado. No se divisa el final. Noventa metros hasta llegar al andén. Kang me asegura que en otras estaciones la profundidad es aún mayor. Si los asuntos políticos, especialmente los relacionados con Estados Unidos, se ponen (aún más) tensos, el metro puede hacer la función de refugio nuclear. Y todo esto me lo cuenta con la permanente música de tonos agudos que surge a través de los altavoces internos.

En este país la música revolucionaria suena incesantemente. Hay canciones para alentar a los trabajadores, para desear una Corea unida, para rendir culto extremo al Líder, para fomentar el odio a los norteamericanos... Vayamos por donde vayamos es habitual escuchar una melodía, normalmente demasiado saturada como para disfrutarla, e incluso en ocasiones cantada en riguroso directo. Voluntariosas cantantes que se acercan al micrófono para animar al pueblo norcoreano en su lucha contra el imperialismo. Entre las letras de canciones, según traducción de Kang, hay una que dice así:

Los patéticos Estados Unidos /
se arrodillarán a nuestros pies suplicando clemencia...

Kang hubiera seguido tarareándome la canción, pero acaban de finalizar las escaleras mecánicas. Ya estamos a noventa metros bajo tierra. Lo cierto es que la estación, de inspiración soviética, es realmente bonita. Hay unas deslumbrantes lámparas de colores y unos murales muy vistosos en las paredes del túnel con escenas de los líderes rodeados de cerezos en flor. Ambas estaciones están presididas por grandes retratos de Kim Il Sung y en cada vagón de metro hay sendos retratos de padre e hijo en la pared más estrecha. En cada vagón. Subimos, vemos una escena hipercotidiana, con gente que sube y que baja. Niños, mujeres y hombres. Escolares que nos miran curiosos, adultos cabizbajos con cara de sueño, podríamos estar en el metro de cualquier otra ciudad... Demasiado elaborado para ser de cartón piedra. Creo. El escepticismo extremo es tan deformador de la realidad como la fe ciega.

—¿Sabéis por qué nos traen aquí? —dice Jason bajando la voz para evitar la mirada de Kang— Para poderles contar a los norcoreanos que en nuestras ciudades no existe el metro. ¿No lo veis? Nos traen a todos juntos y luego les explicarán que nosotros hemos venido a asombrarnos con sus conocimientos y que queremos aprender de ellos. Sí, seguro que es por eso, ¡ja! ¿Por qué si no iban a incluir una visita al metro?

No sé, desde luego el que no quiere creer no cree. Da igual donde vayamos, Jason siempre acabará pensando en un plan rebuscado para demostrar extrañas estrategias anticapitalistas y saldrá convencido de ello. A veces pienso en cómo sería un libro escrito por cada uno de nosotros sobre esta aventura. Estamos haciendo el mismo viaje, con las mismas personas, pero cada uno lo entendemos de una manera, a veces totalmente contradictoria. Uno puede centrarse en todas las situaciones surrealistas, y otro en todas las cosas que le han maravillado. Uno en la falta de libertad, otro en la libertad ampliada que hemos tenido, según las previsiones. Y todo sería verdad. Es como la clásica historia de tres extraterrestres del tamaño de un ratón, que están de exploración en el planeta Tierra y se topan con un elefante. Uno de ellos cae en la trompa, otro en la cola y otro en una pata. Cuando regresan a su planeta, intentan describir el ser vivo que han hallado: «—Es largo y delgado —comienza el que ha caído en la trompa— y tremendamente flexible. El tacto en la parte final es mucoso y se retuerce con mucha facilidad pudiendo coger objetos tanto grandes como pequeños.

—Qué dices —responde el que había caído en la cola—. Es más bien corto, y el tacto es peludo en un extremo. No hay nada de mucosidad y no se retuerce demasiado. Los movimientos son bruscos, nada más, y con eso no se puede apresar ningún objeto.

—No estoy de acuerdo —continúa el que había caído en la pata—. El elefante es un ser cilíndrico. Muy ancho, y con un tacto muy duro. No tiene pelos ni mucosidad y no se retuerce en absoluto.»

La historia sirve para explicar que, realmente, los tres han visto un elefante y los tres están convencidos de que lo que ellos han visto es lo verdadero mientras que sus compañeros mienten. Las tres descripciones son compatibles entre sí, pero los extraterrestres no consiguen darse cuenta. Lo que estamos viviendo en Corea del Norte me recuerda a esta historia. Yo lo veo de una manera. Jason lo ve de otra, Marina, Sebastien, un capitalista americano o un socio de las juventudes comunistas... Cada uno nos fijamos en una parte. Y ni lo de ellos ni lo mío es mentira. Pero ninguno tenemos la verdad absoluta. Por eso es fácil que haya tanta controversia al describir el país más hermético del mundo.

Marina me saca de mi ensimismamiento al solicitar una parada técnica para comprar acondicionador.

—¿Es posible encontrar alguna tienda? No quiero champú, lo que quiero es poder desenredar esta mata de pelo con facilidad, y pensaba que con lo que traje sería suficiente, pero está a punto de agotarse, así que si hay algún lugar...

Kang le hace una señal al conductor y paramos sin previo aviso en algo que parece un centro comercial. ¿Un centro comercial? ¿Estamos en el país más anticonsumista y anticapitalista del mundo y paramos en un centro comercial? ¿Es de verdad? Esto no estaba en el programa, así que debe de ser cierto. Si Marina no hubiese necesitado nada, no habríamos parado.

Dentro hay dos plantas de un tamaño considerable donde venden desde televisores de plasma hasta trajes de ceremonia. Hay un supermercado enorme lleno de marcas internacionales. ¿No estaban bloqueados? ¿Qué hacen tantas botellas de cerveza Heineken? ¿Hay productos americanos? Coca-Cola no veo pero, ¿habrá alguna marca de su archienemigo? ¡Sí! Hay una estantería llena de M&M's, los cacahuetes barnizados en chocolate de colores. Y es posible que no sea la única. En la planta superior hay sofás, menaje, electrodomésticos, calzado, cerámica, ropa deportiva, microondas, perfumes, relojes, modernas cámaras digitales... ¿Puede un norcoreano gastarse lo que vale un televisor de plasma? ¿Se venden bastantes? Nos dicen que sí, aunque en un vistazo rápido cuento cuatro clientes en la parte de arriba y ninguno abajo. Una mujer se detiene en la zona de lencería. Enormes sujetadores de color carne y bragas de cuello alto se repiten en las estanterías. Nada de tangas o puntillas, el erotismo no existe. La moda íntima se ha quedado atascada en el siglo pasado. En la planta de abajo, ahora, el supermercado está completamente vacío.

—¿Compra aquí la gente? —le pregunto a Kang.

—Claro, qué pregunta es ésa.

—Es que no hay nadie.

—Los extranjeros nunca os creéis nada.

Kang pasea conmigo por el supermercado y compra una botella de licor y un paquete de tabaco.

—Para mi marido —aclara— que le gusta mucho fumar. Y beber.

—¿Cómo os conocisteis?

—Me lo presentaron mis padres. Dos meses antes de la boda.

—¿Dos meses? ¿Solo?

—Sí, me lo presentaron sabiendo que seríamos un matrimonio. Lo habían concertado nuestros respectivos padres y a los dos nos parecía bien.

—¿Y el amor?

—No importa, aquí no nos casamos por amor. Aquí formamos un equipo para trabajar por y para el país. Así está bien.

—Pero... ¿tú estás enamorada de él?

—Eso no importa. Está todo bien. Él es mi esposo y yo soy su mujer. Todo correcto.

—Ya, pero imagina que es una persona que te trata mal o se va con otras mujeres o lo que sea. ¿Te divorciarías?

—¿Divorcio? No, no, aquí eso está muy mal visto. El matrimonio es para toda la vida. Pero no hay que darle tantas vueltas como hacéis vosotros. Nos hemos casado, tenemos una hija y ya está. No es tan complicado.

Fríos hasta para el amor. Quizá ese es el punto más opuesto a sus queridos amigos cubanos, con quienes mantienen tan buenas relaciones. Comparten filosofía comunista, pero los cubanos viven con pasión, sienten la música, el amor, el sexo, salen a la calle, ríen, bailan, desprenden vida al margen de la política. Los norcoreanos en cambio, parecen robots sin sentimiento alguno. Caminan cabizbajos por las aceras oscuras, me cuesta verles sonreír y, cuando lo hacen, parece que sea por obligación. Verles bailar o tocar es como estar en una academia. Todos lo hacen exactamente igual, como si fuera su examen de fin de curso. No hay lugar para una carcajada espontánea, para una improvisación con la guitarra. Son ejemplos prácticos del manual de los perfectos modales. Visto así me parece horrible.

El barco espía *Pueblo* es otra de las paradas habituales. Nos recibe Je, la misma chica sexy que nos enseñó el Museo de la Guerra. Hoy su atuendo es menos provocativo. Ha sustituido la falda de tubo ajustada por unos pantalones anchos que no le favorecen demasiado. Aún así, los chicos del grupo se alegran especialmente de volver a verla, y sus sonrisas son un poco más generosas de lo habitual. Pero Je permanece impasible, igual que en el museo, repitiendo un discurso de memoria y sin apenas mirar a ninguno de nosotros.

—Este es el único barco espía de nuestros enemigos que no está en poder de los americanos. ¿Por qué? Porque nosotros fuimos más listos. Les pillamos cuando nos estaban espiando, ¿veis? Aquí hay pruebas de los balazos que se llevaron, fotos de los tripulantes detenidos, la carta de arrepentimiento que firmaron todos reconociendo su delito... No se juega con Corea del Norte, deberían haberlo aprendido ya.

Je nos invita a ver un documental en inglés con la versión norcoreana de lo que sucedió allí. Pau y yo nos aburrimos tanto que dejamos de mirar el documental y decidimos adentramos en el interior del barco. No nos acompaña ni Kim ni Kang, ni tampoco Je, puesto que el barco es pequeño y no hay posibilidad ni de perdernos ni de establecer conversación con nadie. Estamos solos, así que aprovechamos para darnos algunos besos furtivos. Y resulta increíblemente excitante besarse en Corea del Norte, como escondiéndose de la autoridad. Los gestos de cariño en público no están bien vistos y, como lo sabemos, evitamos las muestras de afecto demasiado explícitas cuando vamos con los demás, por eso estos momentos nos sientan tan bien. Jugueteamos entre las literas de los camarotes, nos acariciamos, nos abrazamos en la sala de máquinas y nos apoyamos en una de las paredes agujereadas a balazos para ponerle un poco de amor a tanta crueldad.

Desde la cubierta del barco, vemos las hojas de los olmos blanqueadas por el ataque de alguna oruga a lo largo de la orilla. Una niña arregla con sus manos y un poco de cemento una baldosa que se ha salido de la acera. Parece que juega pero, si me fijo bien, no creo que arreglar las baldosas de tu país sea un juego. O sí, quién sabe.

Pasamos la tarde en el parque. Esta lleno de vida, familias que hacen picnic, niños jugando, mujeres que se protegen del sol con sus paraguas abiertos, partidos espontáneos de voleibol, sesiones de baile... es la muestra de vida social coreana más evidente que hemos visto hasta ahora. Hasta me hace dudar momentáneamente de mi reciente planteamiento sobre las diferencias y semejanzas con Cuba. Veo cómo sonríen, veo cómo hablan entre ellos, veo cómo comparten comida y bebida. Lo más curioso es que nos dejan estar en medio de todos ellos, charlar, compartir unos bailes, comprar unos helados y relajarnos como cualquier familia norcoreana. Sebastien, en un arranque de valentía, se lanza a bailar con una mujer desconocida, imitando los gestos de los demás lugareños. El hecho de que ande con los pies tan separados hace que los pisotones —y carcajadas— sean inevitables. Al final la mujer cambia de pareja y continua el baile. No sé si atreverme... voy a intentarlo. Me meto en el círculo que forman los bailarines y en seguida un hombre se dirige a mí con los brazos abiertos y una sonrisa. El baile se realiza por parejas con los brazos en cruz mientras se mueven los pies de un lado a otro. Ya está, lo estoy consiguiendo. Llevo el ritmo y tengo la oportunidad de hablar con un norcoreano sin la presencia de los guías. Lo único es que no sé coreano. Pero lo intentaré en inglés. Se supone que lo estudian en la escuela, según nos contaba Kim.

—Un buen día para venir al parque, está lleno de vida —empiezo.

—Sí, yo vengo cada domingo —genial, habla inglés—. Me encanta venir aquí todas las semanas y disfrutar con la familia.

—¿Todas las semanas hay baile?

—Sí, es muy divertido. Yo disfruto mucho con este baile.

¿De dónde venís? —indica señalando al resto del grupo de turistas.

—Yo soy española. Pero en el grupo hay gente de Argentina, México, Bélgica, Rusia y Estados Unidos.

—¿Uno de vosotros es americano?

—Sí, bueno, ya sé que en la historia de Corea del Norte no salen muy bien parados. Pero sí, va con nosotros y está muy interesado en aprender de Corea del Norte.

Un breve silencio se asienta entre nosotros. Seguimos bailando al compás de la música y entonces me atrevo:

—Una pregunta... —quizá es un poco precipitado, pero la conversación está a punto de agotarse y no creo que vuelva a tener una oportunidad de hablar con un norcoreano tan alejada de los guías—, ¿Tú sabes cuantos hijos tiene Kim Jong Il?

—¿Hijos? No sé... igual tiene uno, o ninguno. Sí, puede que uno, pero no lo puedo asegurar.

—¿Será el próximo heredero?

—No lo sé, nuestro Querido Líder seguro que toma la decisión adecuada para seguir cuidando de su pueblo. Eso sí que lo sé.

Y en ese momento cambia de pareja. Es posible que el repentino abandono haya sido debido a mi pregunta, no me sorprende la huida. Sabía que me arriesgaba, pero quería saber la opinión de alguien ajeno al grupo. Me alejo del círculo de baile pensando en que ahora mismo, lo que se rumorea en el resto del mundo es que el puesto de sucesor está en debate entre el cuñado y el hijo menor de Kim Jong Il. Sin embargo, aquí ni siquiera saben si tiene o no tiene hijos.

El encanto casi bucólico del parque, las flores, los bailes y los niños con helado se rompe súbitamente por el olor más asqueroso que haya pasado nunca antes por mi olfato. Los urinarios públicos de algunos rincones de China, que hasta ahora liberaban mi ranking de olores insoportables, se quedan cortos. Una mezcla de olor a orín, pocilga y suciedad me penetra tan fuerte que me cuesta respirar. Todos los del grupo lo percibimos igual, nos delatan nuestras caras y los esfuerzos que hacemos por taparnos la nariz con las manos o con las mangas de la camisa. Sin embargo Kim y Kang parecen no notar nada y siguen sonrientes parque arriba, sin ningún tipo de mueca en sus caras. Miro alrededor tratando de averiguar de dónde viene ese olor nauseabundo hasta que veo algo parecido a un cuartel militar. Centenares de chicos rebozados en suciedad comparten unas precarias literas en unas celdas diminutas que se adivinan tras un muro de hormigón blanco. Solo veo una pequeña parte, lo que se intuye a través del hueco de la entrada, pero el olor procede de ellos, no hay duda. ¿No tienen letrinas? ¿Duermen sobre ellas? Los jóvenes van enfundados en pantalones marrones —originalmente podrían ser verdes— y camiseta que pudo ser blanca. Pelo rapado y cara sucia. Militares es en lo primero que pienso, pero... ¿podrían ser presos? ¿Y si son gente que sale hacia campos de reeducación? Sean lo que sean, sus condiciones higiénicas son absolutamente desastrosas. Kim y Kang han acelerado el paso... Cuando les alcanzo y les pregunto por lo que acabo de ver aseguran que no saben de qué estoy hablando y que ellos no han visto nada. Supongo que Kim Jong Il estaría orgulloso de su respuesta. Es la misma para todo el grupo.

Caminamos hasta que el olor se disipa, a la altura de unas pequeñas cascadas artificiales llenas de lotos. En lo alto del parque hay un pequeño kiosco desde donde se obtienen unas vistas muy agradables. Boj, boneteros, ginkos, rosales y sauces llorones adornan el paisaje. Nos quedamos allí charlando y descansando. Sebastien saca su bolsita de tabaco y nos ofrece. La situación con el tabaco de Sebastien casi siempre termina en risas. El belga utiliza tabaco de esnifar, esto es, en vez de fumárselo lo aspira por la nariz, pero como tiene un bigote y barba abundantes, muchos hilos de tabaco se le quedan colgando esparcidos por el bigote y ofrece una imagen particular, con su barba canosa solapada por un bigote a rayas en blanco y negro, como si una cebra se proyectase sobre su labio superior. Kim le mira con curiosidad. Se ríe cuando ve a Sebastien apurado con los hilos sueltos de su tabaco de esnifar.

—¿Quieres probar?— le incita Sebastien.

—Bueno, nunca lo he hecho así, a tu manera, yo siempre lo he fumado.

—Es lo mismo, es tabaco, no lleva nada más, lo único que en lugar de aspirarlo por la boca, lo haces por la nariz. A mí me gusta más.

Aplicado, Kim se dispone a esnifarlo de golpe.

—Pero ¿qué es eeeeesto? — exclama mientras tose y le empiezan a llorar los ojos—. ¿Pero cómo puedes meterte esto al cuerpo? ¡Esto es horrible! ¡Me mató! No puedo con mi alma, pero qué horrooor. ¡Joder con el belga, que cosas se mete!

Kang, lejos de ayudar, se está partiendo de risa ante la reacción de Kim. Le señala e insiste en las caras que pone y el vocabulario inapropiado que está usando.

—No pienso probar nada más de lo que me des, ¡nunca!— continua Kim en una mezcla de toses y enfado que acaba derivando en hipo— ¡Joder! ¿Alguien lleva una cerilla?

El propio Sebastien le presta una, sorprendido por la petición, y por el enfado de Kim, y también por las sonoras carcajadas de Kang, que sigue señalando las caras y ataques de hipo de su compañero. Con total naturalidad, Kim se mete la cerilla por la nariz y empieza a hurgarse hasta que estornuda.

—Ya está, es el mejor método que conozco para frenar el hipo —yo no lo había visto jamás—. En fin, qué mal rato he pasado. Te guardo una, Sebastien.

—Chicos —anuncia Kang con una sonrisa—, vamos a cenar. Después, a petición de Jason, iremos al parque de atracciones. ¡A ver si hay alguien capaz de superar las muecas con las que nos ha obsequiado Kim en este rato! ¡Vaya con el tabaco belga!

Horacio, Irina y Marina se quedan en el hotel. El resto cenamos rápidamente porque nos morimos de ganas de ir. Cuatro bocados y listo, hoy tenemos unos planes apasionantes antes de acostarnos.

El autobús nos deja al lado del arco de triunfo y del estadio de los trabajadores. Allí se extiende una explanada llena de color y diversión. Kim y Kang se encargan de nosotros, como no.

—Este arco de triunfo es más grande que el de París —recalca orgullosa Kang—. Se construyó para el setenta aniversario del Amado Líder. Son sesenta metros de alto frente a los cuarenta y nueve de París, tiene más de cincuenta y dos metros de ancho y cuatro arcos. Una obra de arte, sin ninguna duda.

En la plaza contigua hay una caseta en la que sacar las entradas. Los precios son como unas tres o cuatro veces más baratos de lo que estoy acostumbrada a pagar en lugares similares. El acceso al recinto cuesta el equivalente a unos cincuenta céntimos de euro y ése es también el precio marcado para subir a cada una de las atracciones, excepto las más novedosas, que cuestan el doble. Entonces, ¿se imponen el consumismo y el capitalismo? ¿Se divierte más el que tiene más dinero? ¿No es para todos igual? Parece ser que no, porque hay numerosos jóvenes en la puerta a los que no les dejan pasar, por falta de entrada. Veo otra desigualdad más en el país más igualitario del planeta: los extranjeros pasamos por delante de los norcoreanos, saltándonos la larga fila de gente que permanece esperando. Kim y Kang aseguran que lo hacen para que nosotros podamos disfrutar más y mejor. Insistimos en que no tenemos prisa, pero sucede la misma maniobra en cada atracción. Mientras ellos esperan pacientemente su turno, en el momento en el que cualquiera de nosotros decide subir a un aparato, se lo decimos a los guías y, simplemente, nos colamos. Siempre somos los primeros en pasar.

Observo el colorido recinto lleno de diversión, niños que corren de un lado a otro, gritos, puestos ambulantes, familias, grupos de adolescentes haciendo fila entre carcajadas... y entonces repaso las palabras de un artículo publicado en un magazine, donde el periodista describía un parque de atracciones solitario y oxidado situado en Corea del Norte, acompañado por unas desoladoras fotos en blanco y negro, a pesar de que la revista se publicaba a todo color. No creo que se trate del mismo parque porque en el reportaje publicado los términos más repetidos eran abandono, tristeza y el equivalente a cualquier tiempo pasado fue mejor. Hablaba de cómo los niños de antes, aunque oprimidos por la dictadura norcoreana, al menos podían subirse a las atracciones y reír por unos minutos, y cómo actualmente no les quedaba ni eso, puesto que ya no había un parque en Corea del Norte donde subirse a ninguna atracción. Estoy segura —casi— de que el periodista vio el parque así, vacío. Pero evidentemente, lo que yo veo ahora mismo no se parece en nada a lo descrito. Forzando mi imaginación pienso... ¿No se podría hacer un reportaje similar en un parque de atracciones de cualquier lugar del mundo? Incluso sin salir de mi ciudad. Si yo accedo al parque en temporada baja, o en un horario donde no haya mucha actividad, puedo ver el parque prácticamente vacío, las atracciones paradas y los puestos de comida cerrados. Si además de buscar encuadres abiertos en los que se ve que no hay gente, paso todas las fotos a blanco y negro, cuando lo que destaca en un centro de diversión suelen ser los rojos, amarillos y demás colores llamativos, inmediatamente le estoy quitando vigor a la imagen. Si a eso añado un texto incitando a la reflexión, más de uno acabaría pensando que vivir en mi ciudad es un cúmulo de tristeza irreparable, y que ni en un parque de atracciones se ve la felicidad. Pienso que el fotógrafo buscaba transmitir desolación, por estar en Corea del Norte, y lo consiguió. ¿Qué hubiera hecho ese fotógrafo en Disneylandia? ¿Hubiera pasado todas las fotos a blanco y negro? En Disneylandia también hay rincones poco transitados y atracciones desgastadas. Pero todo depende de lo que quieras plasmar, o lo que te obliguen a plasmar los que encargan el reportaje. Occidente no parece el rincón del mundo más indicado para criticar la manipulación absoluta de los medios de comunicación. No defiendo que lo hagan los norcoreanos, desde luego, pero antes de mirar la paja, o la viga, en el ojo del vecino, podríamos reflexionar sobre lo que hay en el nuestro.

Kang permanece sonriendo al lado del grupo y mientras Kim enloquece por momentos en cada una de las atracciones. Se sube en todas las que puede, cuanto más vertiginosas, altas y enrevesadas mejor. Grita y salta como un adolescente cualquiera.

—¡Vamos, vamos! ¿Nadie se sube a ésta? ¿Me vais a dejar solo? No me diréis que tenéis miedo, ¿eeeh? Si solo son un par de vueltas de campana, venga pandilla... ¡que no se diga! ¡Arriiiiba!!! ¿No? Pues me subo solo, nos vemos abajo, ¡yuhuuuuuuu!

La sensación de libertad o es un espejismo o es casi plena. Nos mezclamos con los lugareños, intercambiamos saludos y sonrisas, nos sentamos al lado de ellos en los diferentes puestos, gritamos y reímos a la vez, nos preguntan de dónde somos y a nuestros guías no les importa perdernos de vista. Tanto es así que Sebastien, el belga, se pierde en el parque y nadie se da cuenta hasta que ha pasado más de media hora. Kang es la primera en notar su ausencia:

—¿Y Sebastien? ¿Dónde se ha metido? Pensaba que iba detrás de vosotros.

Todos nos giramos para comprobar que, efectivamente, Sebastien no está. Después de un par de gritos al aire, Kang propone salir en su búsqueda.

—Bien, seguramente, con lo distraído que es, se habrá quedado en alguna atracción embobado. Hagamos una cosa, iremos a buscarlo cada uno por un lado. El primero que lo encuentre, que se acerque hasta el puesto de taquillas de la montaña rusa, donde estamos ahora. Mientras buscamos, debemos ir mirando este punto de encuentro periódicamente a ver si ya ha aparecido, ¿de acuerdo? Yo iré por esta zona, los demás, dividíos y nos vemos aquí en cuanto recuperemos a Sebastien.

La estrategia podría parecer normal, salvo por un detalle, estamos en Corea del Norte y podemos ir ¿solos? No termino de creérmelo hasta que compruebo que, efectivamente, Kang se aleja en una dirección y Kim en otra. Nos hemos quedado Pau, Jason y yo completamente solos. Sin guías. Lo que nos habían dicho que no pasaría de ninguna de las maneras, que no se separarían de nosotros ni unos minutos, compruebo que no es una verdad absoluta. Como la oportunidad es tan extraordinaria, decidimos separarnos también Pau, Jason y yo, vivir la aventura completamente en solitario y luego poner en común lo vivido.

Salimos cada uno en una dirección, con la excusa de encontrar a Sebastien. Estoy tan excitada por la emoción de saber que estoy haciendo algo que muy pocos han conseguido que, obviamente, ni me preocupo de buscar a Sebastien. E imagino que ninguno de mis compañeros lo está haciendo. Lo que busco es hablar inmediatamente con alguien. Lo intento, pero no consigo más que algunas respuestas evasivas, aludiendo que no hablan inglés. Alguna sonrisa, pero en general en cuanto me acerco a alguien, se gira distraídamente y se aleja de mí. Sigo nerviosa por saberme sin vigilancia. Hasta noto como me sudan ligeramente las manos. Esto es más emocionante que cualquiera de las atracciones a las que me he subido.

Me encuentro a la primera persona con muletas de todo el viaje. Tiene una pierna amputada. Eso se contradice con algunos documentales que había visto, en los que aseguraban que en Corea del Norte no había cojos, ni mancos, ni ciegos porque, según los que apoyaban al régimen, es un país perfecto con gente perfecta y, según los que se posicionaban en contra, el régimen se encarga de hacer desaparecer a la gente que tiene alguna anomalía. Leí artículos sobre limpiezas de discapacitados que eran llevados a las montañas con la excusa de curar su enfermedad. Uno de los autores que repasé antes de venir aseguraba que las personas con malformaciones eran separadas de sus familias y enviadas a granjas o lugares donde no fueran vistos nunca jamás. Incluso los norcoreanos de poca estatura eran engañados para alejarlos de la capital. Sin embargo, ahora, estoy sola y lo estoy viendo. Los guías no me lo pueden ocultar. El señor, de avanzada edad, pasea con una sola pierna y dos muletas de madera delante de mí.

—¡Hola! —le saludo— ¿Me permite ayudarle? No es un terreno fácil para andar con muletas. ¿A dónde se dirige?

Nada, ni una palabra. Murmura algo ininteligible y acelera el ritmo. Como el resto de habitantes con los que he intentado iniciar una conversación. Si me pongo en el lugar de ellos, imagino que hablar con una occidental que ha «escapado» de sus guías solo puede traer problemas, y por eso la huida se repite a cada intento.

Pongo en marcha el plan B. Si le digo a alguien que me he perdido y que estoy buscando a mis guías, ya no seré una occidental sospechosa, pasaré a ser una chica indefensa en busca de ayuda, con lo cual es posible que gane unos minutos para conversar con alguien dispuesto a localizar a los responsables. Veo a un grupo de jóvenes que me miran de reojo. Voy a por ellos.

—Perdonad, me he perdido —explico—. No encuentro al grupo con el que iba ¿alguien me puede ayudar?

—Claro —me responden en perfecto inglés—, ¿dónde los has visto por última vez?

—Yo creo que ha sido en la atracción de la barca, esa en la que te balanceas tanto que llegas a ponerte completamente horizontal.

—Iremos contigo. ¿Había más gente en el grupo? —me pregunta el único que ha abierto la boca mientras empezamos a caminar.

—Sí, algunos se han quedado descansando en el hotel, pero cuatro de nosotros nos hemos animado a venir. ¿Sabes? No me imaginaba un lugar así, tan lleno de diversión, en Corea del Norte.

—Pues no entiendo porqué no te lo imaginabas.

—Porque había leído que ya no quedaban parques de atracciones, y que era difícil ver a la gente reír y sonreír por la calle.

—¡A saber dónde habrás leído eso! —exclama riendo—. Muchos de los que escriben ni siquiera han estado aquí y se inventan la mitad de las cosas, estoy seguro. Mira: Esto es Corea del Norte. Que vengan, que lo vean con sus ojos. Somos felices, somos un pueblo fuerte, un pueblo unido. Y claro que nos reímos y nos divertimos. Y hacemos muchísimas otras cosas. Tenemos la suerte de tener un líder que sabe protegernos y darnos fuerza para luchar ante las adversidades. Yo me siento orgulloso de haber nacido aquí. Seguramente en cualquier otro lugar sería mucho más desgraciado.

Kang aparece por detrás y viene con Sebastien. Ya lo ha localizado. En un principio temo por su reacción al verme hablando con los jóvenes sin su supervisión, pero la verdad es que no hace nada. Intercambia unas palabras con ellos, imagino que preguntándole de que hablábamos y, al comprobar que la respuesta del chico ha sido la adecuada, ha actuado con toda la naturalidad del mundo. Como si nunca nadie hubiera puesto problemas para entablar conversaciones con los norcoreanos.

Kang, Sebastien y yo nos dirigimos a la montaña rusa, donde terminamos de reunirnos con Pau, Kim y Jason. Habíamos quedado en que no diríamos ni una palabra de lo que hayamos visto cada uno, hasta que estuviéramos tranquilos y sin guías en el hotel. Mi aventura en solitario ha sido un tanto insípida pero estoy feliz por haberla vivido.

—¡Chicos, mirad esto! —Jason sostiene un diminuto objeto metálico en sus manos—. ¿Lo véis? ¡Estaba aquí, en el suelo! Lo acabo de encontrar. Kim, Kang ¿es vuestro?

Kim lo mira, sus ojos se agrandan e inmediatamente se lleva la mano a la solapa en un gesto brusco. Se relaja cuando comprueba que no es suyo. La reacción de Kang es parecida. Jason ha encontrado un pin en el suelo. El pin oficial con el rostro de Kim Il Sung. El que deben llevar los norcoreanos si no quieren de ser castigados por falta de espíritu revolucionario.

—Se lo entregaremos al responsable del parque —decide Kang mientras inspecciona el hallazgo de Jason.

—¿Qué le puede pasar al que lo haya perdido? ¿Está en peligro? —plantea Pau.

—No, no os preocupéis. Todo está bien —añade guardándose el pin en uno de sus bolsillos—. Dadme unos minutos para solucionar este tema. No os mováis de aquí, por favor. Kim se quedará con vosotros. Vuelvo en seguida.

Kim sigue con ganas de subirse a todos los aparatos posibles. Y así transcurre una noche llena de una sorprendente diversión, con las atracciones más modernas que haya visto antes. Cualquier parque temático de última generación tiene puestos más rudimentarios. Aquí las atracciones son más altas, más modernas y más divertidas. Sebastien dice que no se atreve a subir a la montaña rusa, que es demasiado para él. Lo cierto es que es de las mejores montañas rusas que he visto jamás. En lugar de ir sentado, te tienes que colocar completamente tumbado bocabajo con los brazos estirados hacia delante, con lo cual la sensación al dar una vuelta de campana es el triple de intensa. Subimos todos menos Sebastien y Kang, que no se atreven. Arriba, abajo, vuelta de campana, caída en picado, remontada, con la sensación de que eres Superman por la posición en la que estamos colocados. Cuando termina el recorrido estamos eufóricos, repitiendo lo divertido que ha sido, sin parar de saltar y abrazándonos unos a otros. Sebastien se acerca con sus pies separados.

—Esto... no me atrevía porque me da mareo solo de verla, pero es que os veo tan emocionados... ¿puedo probar yo también en la siguiente vuelta?

—¡Clarooooo! — exclama Kim —¡Ya verás!

—Es que me da miedo marearme... no estoy completamente seguro. ¿No será demasiado para mí?

—¡Anímate! Si marea más visto desde abajo, una vez subido solo notas el viento en la cara. ¡Ya verás como te gusta!

—Venga, vale, me has convencido.

Y la escena es de lo más divertida. Sebastien nos pide que le guardemos las gafas para no perderlas en una de las volteretas que da el recorrido. Así que, miope y con sus andares de pato, se acerca tímidamente al lugar en el que tiene que colocarse. Es más difícil de lo que parece. Sebastien es un tipo obeso y corpulento. Y esta atracción está diseñada para el norcoreano medio, que suelen ser de complexión delgada y de menor estatura. No es que no quepa, simplemente va un poco más apretado que el resto en la cápsula individual, provocando una imagen que parece más propia de un dibujo animado que de la vida real. En cuanto se empiezan a mover las cápsulas, Sebastien empieza a gritar alocadamente y no para hasta que no termina el recorrido.

—¡Pero qué mareo! ¿Quién me mandaría subir? No estoy hecho yo para tanta vuelta arriba y vuelta abajo, ¡qué vértigo!¡Lo he pasado fatal!

—Esto por lo del tabaco —le recuerda Kim, y todos nos partimos de la risa—. Tú no me ofreces esas porquerías y yo prometo decirte la verdad sobre si una atracción marea o no marea. ¡Vamos!

El buen humor nos acompaña durante toda la noche. Me siento al lado de los norcoreanos en las atracciones, hay miradas, risas y una increíble complicidad con los habitantes. La gente está relajada y me llevo una imagen inaudita de la población local. Chillando a la vez cuando caemos en picado desde alguna atracción vertiginosa, apoyándonos en algún poste con cara de mareados junto a otros norcoreanos, compartiendo emociones y descanso en los bancos que hay en el parque. Esto, desde luego, no entraba en mis planes.

Las luces de colores del parque contrastan con la oscuridad absorbente de la noche en Pyongyang. Salvo en casos puntuales, la iluminación no es que sea poca, es que no existe. Dos halos de luz, los de nuestro autobús, van indicando el camino, siempre negro y de vez en cuando interrumpido por sombras y siluetas que salen de la nada. Casi hasta me asusta porque las personas van a los lados y cruzan completamente a oscuras. Así que de repente ellos se asustan con la luz del autobús y el autobús se asusta con la silueta recortada. Un frenazo improvisado. Casi atropellamos a dos niños que cruzaban solos la carretera. Sorprende ver cómo se orientan ellos en la negrura. Esas personas caminan a ciegas, puesto que no hay ninguna farola en varias manzanas. Ni una linterna, ni un punto de luz. ¿Cómo lo hacen? ¿Se caerán? ¿Se tropezarán alguna vez? ¿Se chocarán? ¿O serán como los ciegos, que memorizan el camino y se ayudan de algún bastón? Pero ellos no llevan bastón, claro que igual tienen la visión nocturna más desarrollada... Y, de repente, entre tanto negro, se asoma una estatua iluminada o algún edificio oficial. Son los únicos que merecen la luz, por lo visto. Desde el autobús, Kang nos propone hacer algunas fotos nocturnas, así que aprovechamos y paramos en una plaza con, sorpresa, todos los edificios perfectamente iluminados. Enfrente se alza el Ministerio de Agricultura y Educación, a la derecha otro edificio oficial presidido por una foto de Kim Il Sung, iluminada, a la izquierda se encuentra el Ministerio de Comercio Exterior, en esta ocasión presidido por dos enormes fotos de Marx y Lenin. Bastante explícito. Y al darme la vuelta, se impone la torre Juché llena de luz. Si solo viera esta parte de la ciudad, diría que es bonita. Unos metros más allá, el negro invade las calles.

Kim todavía está animado cuando llegamos al hotel. Jason, Pau y yo estamos impacientes por reunirnos a solas. Así que nos despedimos rápidamente de nuestros guías.

—¡Eh! ¿Hoy no hay cervezas? —exclama Kim

—Es tarde, Kim. Nosotros nos vamos a dormir —respondemos Pau y yo—. Mañana te prometemos una ronda a tu salud.

—Bueeeeno, al menos dadme una despedida en condiciones. Yo voy a quedarme un rato en el bar.

—¿Y cómo se despiden los norcoreanos en condiciones?

—En general no se hace nada. Solo a los padres y a los mayores se les saluda con una reverencia, o si es una despedida o hace mucho tiempo que no ves a esa persona. Pero entre personas de la misma edad... si es chico nada y si es chica... me tiene que dar un beso aquí —y se señala la mejilla en el lado más cercano a los labios.

—¡Nooo! —Kang interrumpe la conversación muerta de risa— No le hagáis caso. Nunca nos damos besos para despedirnos, os está tomando el pelo. ¡Eso es solo cosa de novios!

—Kang... —le reprocha Kim— estaba a punto de conseguirlo, ¡me debes una!

Las risas se contagian entre el grupo. Nunca pensé que un viaje a Corea del Norte pudiera derivar en situaciones tan relajadas de complicidad entre los dos guías y el grupo. ¿He tenido suerte? ¿Habría sido un viaje tenso e incómodo si nos hubieran asignado otros guías? Si hay momentos en los que incluso me gusta estar aquí. Los italianos con los que me crucé, desde luego, ofrecían una visión muy distinta.

Jason sube con nosotros en el ascensor. Por fin estamos a solas. Quedamos en vernos en nuestra habitación, y comentar las aventuras del parque de atracciones. Y por si acaso hay micrófonos, nos lo contamos en voz baja.

—¿Y bien? ¿Alguna anécdota destacable en cuanto hemos estado solos?

—Poca cosa —comienzo—. La mayoría de la gente con la que intentaba hablar me daba evasivas y se alejaba rápidamente. Y el único con el que he hablado me ha dado una respuesta previsible. Hemos hablado de la diversión en Corea del Norte, y su respuesta ha sido la esperada cuando le he dicho que no me imaginaba un parque tan colorido en un lugar que desde fuera se ve tan gris. El discurso que debe aparecer en el manual de trato con los extranjeros, o algo parecido. Lo que ya sabemos; que es un orgullo vivir en Corea del Norte, que es un país hermoso y con un líder que vive por y para ellos y que está seguro de que es más feliz aquí que si hubiese nacido en otro lugar del mundo.

—Yo tampoco he tenido mucha suerte —continúa Jason—. Me sucedía lo mismo, intentaba entablar una conversación y me ignoraban por completo. Apenas he cruzado un par de saludos. Eso sí, he visto al primer hombre con muletas en todo el viaje.

—¡Yo también! —confirmo—. Me ha hecho reflexionar sobre las limpiezas de gente con minusvalías sobre las que había leído. He intentado hablar con él, aunque solo he conseguido llevarme un par de gruñidos.

—Yo no he visto a nadie con muletas —añade Pau—, pero unos chavales de catorce años me han contado que cruzarse con un cojo o un manco por la calle es símbolo de buena suerte.

—¿Sí? Cuenta, cuenta —Jason y yo estamos deseando conocer los detalles.

—Me he puesto al lado de un grupo que no paraba de reírse. Me he acercado intentando saber de qué se reían y hemos terminado hablando de la buena suerte y la mala suerte. Además de lo del manco o el cojo, me han contado la importancia de los números. El cuatro es símbolo de mala suerte, el equivalente a nuestro trece pero más exagerado. Está tan mal visto que me han contado que incluso hay algunas casas que pasan del tercer piso al quinto, por no tener que poner durante toda tu vida una dirección con el número cuatro. Y al revés, el tres es un número fabuloso para ellos. Ver varios «3» seguidos, garantiza un buen día. O eso me contaban. Y cuando les iba a contar yo alguna superstición de mi tierra, ha aparecido Kim y se ha puesto a hablar con ellos en coreano.

—Vale, y luego es cuando yo os he visto —recuerda Jason— y hemos ido hacia la montaña rusa. Y ahí es dónde he encontrado el pin. ¿Habéis visto qué rápido se lo ha metido Kang al bolsillo?

—Sí, Kang le ha restado importancia —añade Pau—, pero yo creo que los dos se han puesto nerviosos. Recordadme que le pregunte por ese detalle a Kim en alguna de sus borracheras.

—Cuenta con ello —responde Jason—. Yo mismo se lo preguntaré en cuanto vea la oportunidad.

—Por cierto chicos —prosigo—, si por casualidad se vuelve a dar una oportunidad similar de estar sin guías, tengo algo que me lleva dando vueltas en la cabeza varios días. ¿Qué saben los norcoreanos de los hijos de Kim Jong Il? Yo he hecho un par de preguntas, empezando por Kim y Kang, y creen que tiene uno, pero no están seguros, y el tipo con el que he bailado por la tarde que me ha respondido lo mismo. En el parque de atracciones lo he vuelto a preguntar pero sin éxito, así que si uno de estos días os acordáis, preguntad por ahí a ver si alguien sabe algo más. Me puede la curiosidad.

—Hecho. Buenas noches, pareja —se despide Jason—. ¡A ver qué aventuras nos esperan mañana!

8. Kim no viene

Mientras Pau alarga su aseo matutino, bajo a darme una vuelta por la librería del hotel. Repaso algunos de los títulos que leo en inglés o que pido que me traduzcan del coreano: *Kim Jong Il líder del pueblo*, *Biografía condensada de Kim Il Sung*, *El sol eterno hecho hombre*, *Los imperialistas de Estados Unidos comenzaron la guerra de Corea*. Estar en una librería norcoreana es una experiencia un tanto monotemática porque invariablemente, si no aparecen Kim Il Sung o Kim Jong Il en la portada ya sea en foto o en nombre (las películas preferidas de Kim Jong Il, la infancia de Kim Il Sung, etc), aparecen como autores. La dependienta me asegura con pasmosa firmeza que Kim Il Sung escribió personalmente miles, ¡miles!, de libros y que su inmenso talento le llevaba a redactar unas mil páginas cada día. Y te lo dice así, sin pestañear. Para ella mis carcajadas solo son una muestra de mi ignorancia. Descubro un pequeño apartado con libros traducidos a otros idiomas. Localizo uno en español sobre los primeros años de vida del Gran Líder y lo abro al azar: «El lugar de lectura es un sitio significativo donde él, en su niñez, condujo a sus condiscípulos por el camino recto, inculcándoles el odio al imperialismo japonés...». No me atrevo a seguir leyendo. El camino recto establecido es el de inculcar el odio desde la niñez.

Busco el periódico del día. Kim Jong Il aparece prácticamente en todas las páginas. Le solicito a la dependienta que me traduzca algunos de los titulares: «Kim Jong Il proporciona orientación a diversos sectores agrícolas», «Publicadas las obras completas de Kim Il Sung», «Manifestaciones en Pyongyang para mostrar el entusiasmo político y el amor al Gran Líder», «El ejército continua su desarrollo en los pilares de la revolución bajo la sabiduría de Kim Jong Il». Kim firmando, Kim inaugurando, Kim en una ceremonia honorífica, Kim visita una fábrica, Kim es recibido con admiración... Todos los titulares se parecen y es inevitable plantearse si todas esas noticias las genera una sola persona en un solo día. ¿Ha tenido tiempo para inaugurar veintisiete hospitales? ¿Cuántas fotos al día le harán a Kim Jong Il para llenar un periódico en todas sus páginas, todos los días? ¿Cómo serán los archivos fotográficos del periódico? Fotos de Kim con un fondo de granja, fotos de Kim con un fondo de maquinaria industrial, fotos de Kim con un fondo de escuelas... Supongo que el periódico del día no debe diferenciarse mucho del periódico de otro día. Cualquier noticia de hoy se ha podido publicar con las mismas palabras en los últimos sesenta años simplemente cambiando el nombre del líder.

Horacio e Irina no aparecen durante el desayuno. Les esperamos media hora más, hasta que Kang sube a su habitación. Al bajar, sin ellos, resuelve que ya nos podemos ir.

—¿No vienen con nosotros? —pregunta Marina.

—No.

—¿Y eso? ¿Pueden ir por su cuenta? Que alguien me lo explique porque si ellos pueden ir por su cuenta a ver por qué nosotros tenemos que ir...

—No, se van a quedar en el hotel —interrumpe Kang—. Todo el día.

—Pues no lo entiendo.

—Es que... a ver cómo te lo explico, igual suena un poco grosero, pero es que no sé decirlo de forma educada... esto... la chica... vaya, que... ejem, no ha cagado en cuatro días —y se parte de risa por la vulgaridad—, así que se quedará durante el día... intentándolo. Ya siento la expresión, no sé decirlo de otra manera. Horacio se quedará cuidándola. Kim permanecerá en el hotel, por si luego se encuentran mejor y se quieren unir al grupo.

—Se me acaba de esfumar la imagen glamurosa de Irina —sonríe Marina—. Es que viéndola siempre tan arreglada parece que si iba al baño era para que salieran pétalos y flores de su cuerpo perfumado. Me encanta comprobar que no, ya perdonaréis la maldad.

—Perdonada —reímos todos—. No diremos nada de tu comentario.

—Si en el fondo es una envidia sana lo que tengo. Ya me gustaría tener a mí su cuerpazo, que no lo tenía ni cuando era joven. Ojo, que mis piropos me llevaba a los veinte años ¿eh? Lo que pasa es que, claro, el tiempo pasa para cualquiera, la ley de gravedad actúa y los músculos van cayendo poco a poco. Pero bueno, que tengo amigas de mi edad que están peor que yo, todo hay que decirlo.

—Yo no te cambiaría por Irina —dice Sebastien.

—¿No? Pues serías el único.

—No, de verdad que no. Irina es muy guapa, no se puede negar. Pero ¿qué más? No habla, no participa, no hace nada. Ni siquiera come. Es como estar con una muñeca de plástico. Cuatro posados para las fotos y no hace nada más. Tú estás llena de vitalidad, a mí me transmites mucha energía, y además, haces unas galletas caseras estupendas.

—Lo de las galletas es verdad, me salen buenísimas. Me acabas de alegrar el día, Sebastien. Así, nada más empezar.

Subimos con Kang al autobús, y vuelve a haber un cambio en los asientos. Como Irina no está, Jason vuelve con nosotros. Y esta vez, es Marina la que cambia de lugar y se queda en el primer asiento con Sebastien. Desde fuera me resulta una pareja encantadora. Los dos tienen ese punto de ingenuidad infantil, los dos están solteros y sin hijos... Y en mi mundo de colores me los imagino compartiendo una vida llena de aventuras y despistes.

Nos dirigimos al Mansudae, la enorme estatua de Kim Il Sung a la que tendríamos que haber ido el primer día. Trato de capturar todo lo que sucede por el camino. Soy consciente de que veo una parte muy limitada del país, la que se distingue a través de la ventanilla. Aun así, disfruto con las escasas escenas cotidianas desde el autobús. Como en muchos otros países, no existen los cochecitos de bebé. Todas las madres llevan al niño a la espalda, pero no atado con un pañuelo como en otros lugares. Simplemente, se colocan al niño en la espalda y lo sujetan pasando los brazos por detrás, y anudando las manos, que sirven de asiento para el niño. Es un sistema un poco incómodo porque limita el uso de las manos y solo se pueden transportar niños que no sean recién nacidos, que tengan la fuerza suficiente como para agarrarse. Tampoco veo a muchos bebés por las calles. Veo niños a partir de unos tres años, pero no bebés. Y personas mayores... anda, allí veo tres ancianas. Creo que son las personas más longevas que he visto aquí. Una de ellas, de pelo corto y gris, camina con la ayuda de un bastón y muy, muy encorvada, como si estuviera a punto de recoger algo del suelo. Seguro que ha nacido antes de 1945. Me encantaría bajar a preguntarle un millón de dudas, aunque sé que no me las contestaría. Si ha llegado a esta edad, es porque ha aceptado todas las normas. Si fuera una rebelde con ganas de contar cómo era la vida antes del régimen imagino que ya no estaría aquí. ¿Qué pensará ella? Evidentemente nada que le pueda contar ni a su propia familia. Sigo reflexionando: ¿Cómo se sentirá cuando escuche decir una y otra vez que antes de la llegada de Kim Il Sung todo el mundo era infeliz porque no había ni comida ni nada? Si no se ha conocido otra cosa, puedo entender que se crea a pie juntillas lo que cuentan en todas partes: «Qué suerte haber nacido en Corea del Norte, en el resto de los países la gente pasa hambre y frío, porque no hay nadie como nuestro Amado Líder que se preocupe por ellos...».

Pero esta anciana puede recordar si fue feliz en su infancia, cuando no existía el Eterno Presidente, si había comida o no. Ella puede deducir que vive inmersa en una gran mentira, que acepta para poder conservar la vida. ¿O terminará por cambiar sus propios recuerdos a base de mostrar su fidelidad al régimen? ¿Le habrá pasado lo mismo que a Winston Smith, el protagonista de *1984*? ¿Amará al Gran Líder como en la novela se amaba al Gran Hermano?

—Aquí se pueden comprar algunas flores para nuestro Amado Líder —nos indica Kang a mitad del trayecto.

Algunos bajan para hacerse con un ramillete de dalias. Me habían explicado que era absolutamente obligatorio depositar flores en la estatua de Kim Il Sung, pero veo que no. Unos compran voluntariamente y otros ni siquiera bajan del autobús. Y no pasa nada. Cerca del puesto de flores, dos niñas caminan cogidas de la mano, ataviadas con el uniforme escolar oficial en todo el país, consistente en falda azul marino, camisa blanca y pañoleta roja atada al cuello. Me gustaría hacerles una foto, así que me acerco a Kang y las señalo, dispuesta a pedir permiso para poder fotografiarlas.

—Aquí no hay homosexuales —no sé a qué viene su respuesta—. Esas dos chicas se dan la mano en señal de amistad. Aquí todos somos heterosexuales, por si me lo ibas a preguntar.

—Pues no, ni se me había pasado por la cabeza esa pregunta —respondo atónita—. Solo quería hacerles una foto a las niñas.

—Ah, de acuerdo —contesta relajada—. Espera, que hablo con ellas.

Las niñas sonríen tímidamente y posan sin reparos para nuestras cámaras. Cuando se dan la vuelta para irse, veo que una de ellas lleva una mochila escolar con un enorme Mickey Mouse. Los antiimperialistas y antiamericanos de Corea del Norte con un símbolo del imperio Disney que tanto triunfa en el mundo entero. ¿Sabrá la niña que es un símbolo americano? ¿O se creerá que es un simple ratoncito? ¿Cómo habrá llegado esa mochila hasta aquí?

—Kang, ¿aquí es conocido Mickey Mouse?

—¿Qué dices?

— El ratoncito que lleva la niña impreso en la mochila. ¿Es conocido?

—No sé, yo no lo conozco. Es un dibujo infantil cualquiera ¿no?

Aclarado. No conocen el imperio Disney. No hay McDonald's ni Coca-Cola en todo el país, pero está Mickey Mouse impreso en las mochilas de los escolares. Paradojas.

Llegamos a la famosa plaza con la estatua. Son veintitrés metros de altura de una estatua de bronce con pedestal incluido. Detrás hay un mosaico que representa el monte Paektu, un monte significativo en la revolución coreana que tiene una trascendencia equivalente al monte Sinaí para los judíos o al portal de Belén para los cristianos. En los laterales de la plaza, numerosas esculturas de soldados en actitud de lucha rodean dos gigantescas banderas rojas talladas en piedra. La estatua principal, símbolo actual de la ciudad, se inauguró en 1972 con motivo del sesenta cumpleaños de Kim Il Sung y, desde entonces, todos tienen la obligación de venerarla.

—Ay, que me parto —se acerca Marina—, ¿pues no me acaba de contar Kang que es habitual que los norcoreanos vengan aquí antes de hacer cualquier cosa importante? Y le hacen una ofrenda para recibir su protección. Si cuando yo digo que nos lo intentan vender como un dios... Un político con sus ofrendas y bendiciones, qué locura. Me ha dicho que los jóvenes suelen venir aquí los sábados antes de salir a cualquier sitio, ja, que no puedo con la imagen. Es que me los imagino dispuestos a ir de ligoteo o lo que quiera que hagan aquí un sábado noche, y pasando primero por la estatua del king kong este para que se les de bien la velada... y he pensado, esto es surrealista porque...

—¡Marina... ten cuidado que te van a oír! —le advierte Jason.

Pau está haciendo una foto al monumento cuando escucha la voz de Kang.

—Recuerda que no puedes sacar solo una parte de la estatua en la foto.

—¿Perdón?

—Sí, por norma la estatua de nuestro Eterno Presidente ha de salir siempre entera en las fotos. Si tú la recortas con el zoom de la cámara, o realizas un encuadre que no incluye el monumento completo, estás cortando partes de nuestro Amado Líder, y eso se consideraría una grave ofensa.

—¿No puedo hacer un primer plano de la cara?

—No. No se puede mutilar la imagen del líder.

Creo que más por rebeldía que por otra cosa, Pau hace la foto como le da la gana. La norma nos parece tan fuera de lugar como la de no doblar los periódicos por si hay fotos del líder. Por si hay, dicen. Pues claro que hay. En todas las páginas dos o tres, por lo menos.

Cuando llega el momento de depositar las flores, nos damos cuenta de que Sebastien se ha perdido. Otra vez. Al final va a ser verdad que nuestros guías no son tan estrictos como los de otros grupos. Kang se pone a gritar el nombre de Sebastien y nos indica que no nos movamos por favor. Sin la ayuda de Kim le cuesta más vigilar a todo el grupo. Esta vez, los únicos a los que podríamos pedir conversación son los escolares que acuden en grupos de veinte, perfectamente alineados, y que permanecen concentrados en sus ofrendas a la estatua. Así que desistimos de cualquier intento y esperamos a Sebastien. Cuando regresa nos cuenta que se había alejado unos metros de la plaza para observar mejor la estatua de Chenlima, de la que había leído mucho y quería verla mejor. Chenlima es un caballo alado que según la leyenda podía recorrer cuatrocientos kilómetros al día. Pero era un caballo indomable y nadie era capaz de cabalgarlo, así que se escapó hasta el cielo sin que lo consiguieran domar, con su fuerza abrumadora y velocidad de vértigo. Cuando Kim Il Sung llegó al poder, lanzó la consigna «Avancemos con el ímpetu de Chenlima», y eso simboliza la estatua, el espíritu heroico de la DPRK y su fuerza de voluntad inquebrantable. Lo de «indomable» no es el adjetivo que mejor encaja con los norcoreanos, puesto que acatan las órdenes del líder sin rechistar, aunque supongo que les harán creer que son fuertes e indomables como Chenlima. La estatua, por cierto, también se alzó en uno de sus cumpleaños, el que hacía cuarenta y nueve.

Es el momento de hacer las ofrendas. Lo primero es depositar las flores, el que las haya comprado, lo segundo una reverencia. Una, dos y tres. Así, a la vez. Listos para irnos a otro lugar.

—Ahora ya todo nos va a ir fenomenal, ¿a qué sí? — se ríe Marina—. Claro, le he puesto cuatro flores a una estatua y ya tengo protección al menos hasta esta noche. Venga, ¿cuál es la siguiente parada?

Kang ignora el tono irónico de sus palabras y nos dice que visitaremos unos estudios cinematográficos. Suena bien.

Vuelvo a mi puesto en el autobús, dispuesta a observar la calle. No tiene demasiada vida. En lo que llevamos en Corea del Norte he visto un único semáforo y tampoco entiendo mucho el sentido que tiene cuando apenas hay coches y, además, los problemas de luz son frecuentes. Lo habitual en los cruces es que se coloque un guardia en un espacio habilitado para ello, a veces con un pequeño toldo circular para protegerse del sol o la lluvia. Suelen ser mujeres quienes regulan el tráfico, aunque también veo algunos hombres. Su función es dar paso a unos y otros y comprobar que no excedan los sesenta kilómetros por hora, que es el límite establecido en la ciudad. Un trabajo bastante aburrido si tenemos en cuenta la escasa cantidad de vehículos que circulan. Los pocos que vemos pertenecen a grupos de turistas o a diplomáticos. Las marcas más repetidas son Toyota (oh, pero si esa marca pertenece a sus enemigos japoneses) y Mercedes, aunque también vemos algún Fiat, Volkswagen o Lada. No veo marcas que no conozca, de fabricación norcoreana, por ejemplo. Es posible que no tengan su propia fábrica de automóviles, por más que insistan en la autosuficiencia para todo. Sebastien me cuenta que ha visto un coche con gasógeno, de los que funcionan con combustible de carbón, como en la segunda guerra mundial. Ante la falta de gasolina, el combustible se obtiene a partir del carbón de coque. ¿Será por eso que no he visto ninguna gasolinera en todos los kilómetros recorridos? Y a pesar de esa notable ausencia de tráfico, las guardias realizan su trabajo mecánicamente. Levantan los brazos y ordenan pasar a coches invisibles y hacen señales de stop ante calles vacías. Surrealista. Lo tienen aprendido y da igual que pase un coche que ninguno. Son como robots. Por eso es posible que, teniendo una enorme avenida vacía por los cuatro costados, una mujer te haga parar un par de minutos porque «es lo que toca». Y porque supongo que le hará ilusión que su trabajo se pueda observar aunque sea unos minutos al día.

Por la ventanilla veo posters propagandísticos que sustituyen nuestros carteles publicitarios. Aquí, toda la publicidad se basa en promocionar al partido. Respecto a los eslóganes publicitarios, según la traducción de Kang, me encuentro con frases como: *¡Trabajemos con entusiasmo para el aniversario del Líder!, ¡Defendamos con firmeza las hazañas del gran camarada Kim Jong Il!, ¡Viva la fuerza revolucionaria que preserva la victoria del socialismo!, ¡Defendamos a vida o muerte la Dirección de la Revolución encabezada* *por el gran camarada Kim Jong Il!* A vida o muerte. Eso es lo que se inculca en los carteles que cuelgan por todos los rincones. Un país de veintidós millones de habitantes, un ejército de veintidós millones de personas, repiten orgullosos los norcoreanos.

Así, entre consigna y consigna, llegamos a los estudios cinematográficos de Pyongyang.

—¿Qué tipo de cine es el más habitual? —pregunta Marina— ¿Son todo puñetazos y caras gritando como en las esculturas o hay algo más?

—Oh, aquí tenemos mucha variedad. Comedia, drama, acción, dibujos animados... hay una producción inmensa. Nuestro Querido Líder es un gran cinéfilo.

—A mí me gustan las historias de amor —continúa Marina—. Qué le voy a hacer. Soltera pero romántica empedernida, ya ves.

—A mí también me gustan mucho esas películas —sonríe Kang.

—Supongo que esas historias de amor tendrán un trasfondo revolucionario —inquiere Jason.

—Sí, a veces el protagonista es un militar al servicio del régimen y cosas así. Todo lleva su moraleja. Como en los cuentos.

Lo primero que vemos a la entrada del recinto es —¡adivina!— una estatua de Kim Il Sung hecha en bronce y rodeado de artistas, todos más bajitos que él.

—Son los actores de la película *La Florista* —explica Kang—. Fue una película muy famosa, en 1972 ganó un premio internacional muy importante en Checoslovaquia. ¿No la conocéis? Qué raro, fue muy popular en todo el mundo.

—Seamos serios, Kang —apunta Jason—. ¿Dónde fue muy popular? ¿En todo el mundo? ¿De verdad lo crees? Vuestros periódicos indican que ha sido un éxito y como no tenéis opción de leer el resto de periódicos del extranjero os creéis que algo ha sido muy popular cuando en el resto del mundo no lo hemos oído jamás.

Kang no dice nada. Ni un gesto en su cara. Es imposible saber qué está pensando. Impasible, dirige el grupo hacia el interior del recinto y no se vislumbra ni un gesto pensativo en su expresión. Si está reflexionando sobre las palabras de Jason no se nota. Si está pensando en cualquier otra cosa, tampoco.

Mientras paseamos por los estudios, que se limitan a unos decorados de cartón piedra al aire libre para rodar exteriores, la conversación sobre cine continúa en un tono más relajado con la intervención de Jason.

—¿Y cuánto suele cobrar aquí un actor reconocido? En Estados Unidos algunos son auténticas celebridades y cobran mucho más que los demás. Se pueden permitir lujos inimaginables.

—No, aquí todos cobran lo mismo. Los actores estudian su carrera, como el joven que estudia medicina o el que estudia otra especialidad. Y, cuando consigue trabajo, cobra lo mismo que en cualquier otro oficio. Estás en un país donde no hay ese tipo de desigualdades.

—¿Y no reciben un trato preferente por ser famosos? No sé, algún regalo o cosas así... Alguna ventaja tendrán por ser conocidos ¿no?

—No, regalos no. Aunque... ahora que lo dices, por ejemplo, si van a comer a un restaurante, muchas veces no pagan la comida, porque el encargado del restaurante les invita. Sí, en ese sentido puede que reciban ese trato especial, pero solo es en pequeños detalles. Su trabajo es un trabajo más.

—¿Y cuál es el ideal de belleza para hacer de galán? Me refiero, ¿hay algún canon establecido para considerar a un norcoreano lo suficientemente guapo o guapa como para darle ese papel? —pregunta Jason.

—El prototipo de belleza para un chico se resume en que debe ser fuerte. A las chicas nos gustan los chicos musculados y con el pelo corto.

—Vaya, no tengo ninguna posibilidad, es justo lo contrario a mí —se ríe Jason.

—Sí, tú estás demasiado delgado. Y el pelo que llevas aquí es como de chica. Sería muy raro ver a un norcoreano con tu pelo, tan largo. Yo he visto a muchos occidentales varones con el pelo largo, a veces vienen turistas con el pelo incluso por la cintura, pero aquí no nos gusta demasiado. Siempre pelo corto. Y sin barba.

—Vaya, pues me acabo de quedar yo también sin ninguna posibilidad —exclama Sebastien, acariciándose el extremo de su poblada barba, antes de contagiarnos la risa a todo el grupo.

—Si vemos a alguien con barba por la calle, pensamos que es una persona vaga, que no emplea el suficiente tiempo en asearse y eso no nos gusta a las mujeres. Pero con los extranjeros es distinto. Yo solo hablo de los gustos norcoreanos.

—¿Y el prototipo de belleza femenino? —pregunta Marina.

—A los chicos les gustan las mujeres con rostro ovalado, los labios tienen que ser pequeños, la nariz mejor puntiaguda y el párpado occidental.

—¿Párpado occidental?

—Sí, con pliegue, no como los asiáticos que no solemos tener pliegues. Se hacen muchas operaciones de cirugía estética en Corea del Norte para occidentalizar el párpado. Se extrae un poco de piel y así se crea el efecto de un párpado como los de Occidente. Últimamente se ha puesto de moda. Yo no lo haría nunca pero, sí, conozco a alguna chica que se lo ha hecho. Y de nariz también, muchas chicas quieren operarse la nariz para parecer más guapas.

—Madre mía, no termino de creérmelo. ¿Tanta importancia se le da a la belleza?

—No sé, supongo que depende de cada persona. ¡Ah! Y una chica debe llevar siempre el pelo largo. Una chica con pelo corto no está bien vista.

—¿Por qué?

—No sé, nuestra sociedad es así. Supongo que el pelo largo es para las mujeres y el pelo corto es para los hombres.

Paseamos por decorados que imitan el Japón de los años 40, la Corea del Sur en los 50, o hileras de casas que hacen de barriadas chinas o europeas. Quizá lo más simpático del asunto es ver que las puertas y las casas que sirven de decorado son un poquito más pequeñas de lo habitual. Por ejemplo, yo, que tampoco soy especialmente alta, si entrase por una de las puertas de cartón me daría con el dintel, pero la media de estatura de los norcoreanos es muy bajita, así que ponen los decorados a su medida, empequeñeciendo las puertas para dar la impresión de que son tipos rudos, altos y fuertes. Vemos un prado con algunos caballos pastando bajo un tilo, para imitar películas del oeste y nos cruzamos con varios escolares que no sé si están de visita como nosotros, o son estudiantes de cine. Kang nos cuenta que los estudios están preparados para rodar diez películas al mismo tiempo. A lo grande, todo es a lo grande. También asegura que aquí se ruedan más de doscientas películas al año. Qué casualidad, justo hoy no se rueda ninguna.

—Y a ti, Kang, ¿te gusta tu trabajo? —le pregunta Sebastien sin preámbulos cuando subimos al autobús. Kang arruga la nariz por respuesta.

—¿Eso es un no? —insiste Sebastien.

—No mucho. Es que en realidad yo no hice la carrera de guía turística. Es una carrera como otra cualquiera, pero yo quería ser maestra, no guía. Pero bueno, el gobierno me eligió para ir a Cuba y, al saber español, tengo que ocuparme de los turistas de habla hispana, aunque no me guste demasiado.

—¿No te gustan los turistas de habla hispana o el trabajo de guía en general? —comenta Marina casi indignada.

—No, con vosotros ningún problema, sois un grupo muy agradable. En general no me gusta mi trabajo porque hay que tener mucha paciencia y estar constantemente a la defensiva. Muchos turistas vienen solo para criticar nuestro sistema y me dan ganas de gritarles que por qué no se ocupan de lo suyo.

—¿Y puedes dejar tu trabajo y buscar otra cosa?

—No, no. Ahora tengo una hija y eso es lo prioritario. Mi marido es militar y tampoco le gusta su trabajo, pero hay que hacerlo. Además, si no es militar, no sé muy bien a qué otra cosa se podría dedicar. Es lo que mejor se le da.

—¿Y hasta qué edad se trabaja?

—Los hombres hasta los sesenta años. Las mujeres hasta los cincuenta y cinco. Después el estado nos paga un sueldo mensual para pasar nuestra jubilación.

Comemos en un restaurante, nos sirven el plato especial de la casa, *tsim* de pollo de siete sabores, con la mezcla de siete ingredientes. La ensalada de pepino y el arroz cocido tampoco faltan en ninguna comida, ni los fideos, la tortilla y algunas verduras. En la planta de abajo hay una pequeña tienda con algunos souvenirs (se trata de un restaurante establecido por el gobierno para atender a los grupos de turistas). Nada de imanes de nevera o productos similares. Hay algunas muñequitas con el traje tradicional, comida, sellos y dinero norcoreano. Dinero. Por primera vez veo los billetes norcoreanos. Los extranjeros en Corea del Norte no podemos usar el dinero local. Las pequeñas compras o pagos que hemos hecho hasta el momento solo los hemos podido hacer con euros o con yuanes, la moneda china. Con dólares no he probado, es tan americano... Su dinero solo lo pueden usar ellos. No está permitido cambiarlo en ningún sitio, se considera delito. Y lo que hay en la tienda son algunos billetes actuales a la venta como recuerdo, no como moneda. Esto es, aunque yo adquiera ese dinero, no lo puedo usar en ningún establecimiento. Al ser extranjera tengo que pagar con moneda extranjera. Pero sí que puedo comprarlo como souvenir. Veo billetes de 1, 5, 10, 50, 100, 200, 500, 1.000 y 5.000 wons. Me esperaba ver al omnipresente Kim Il Sung en cada billete, pero no está en todos. Solo en algunos. Hay billetes que llevan la torre Juché o algún monumento destacado de Pyongyang, en otros salen trabajadores y otro tiene la flor nacional, una magnolia. Veo dibujos de otras flores a lo largo del mostrador, y sonrío al distinguir la kimilsungia, una variedad creada en Indonesia que el presidente Surkano dedicó al líder norcoreano. En realidad es un cultivar de orquídea, pero eso nadie lo recuerda ya. Para todos los norcoreanos es la increíble y bellísima kimilsungia, una flor única que lleva el nombre del Amado Líder. Por supuesto, el hijo también posee una flor propia, llamada —no es difícil de adivinar— kimjongilia. En este caso se trata de una variedad de begonia, dedicada a Kim Jong Il por el floricultor japonés que la obtuvo. Bastante increíble.

Llegamos al estudio de arte de la República Democrática Popular de Corea. Un lugar de donde salen pintores, escultores y creadores pertenecientes a las distintas ramas del arte al servicio del régimen. En la zona exterior hay unos mosaicos increíblemente trabajados con retratos de Kim Il Sung de pie, Kim Il Sung firmando unos papeles, Kim Il Sung con su hijo, Kim Il Sung enfrente de la torre Juché con fuegos artificiales detrás, retratos de Kim Il Sung rodeado de gente con cara de felicidad por estar a su lado y un largo etcétera.

Kang nos lleva a una habitación y nos presenta a una mujer de unos cincuenta y cinco años que permanece concentrada en un papel en blanco.

—Queridos, ella es la pintora más famosa de Corea. Todas las obras que veis aquí están hechas por ella. Como podéis comprobar su estilo es muy versátil. Es capaz de realizar cuadros abstractos, bodegones, formas realistas, paisajes... Además, gracias a su talento, ha tenido la suerte de trabajar directamente para nuestro Amado Líder. Aquí hay algunos de los dibujos de Kim Il Sung realizados por ella. Como os digo es muy, muy conocida.

Los murmullos invaden el grupo, algunos comentando las obras, otros refiriéndose a su diminuto estudio, otros destacando su pequeña caja de témperas, óleos y acuarelas. La pintora no dice nada, solo nos sonríe. Para despedirse, Kang le invita a que realice un dibujo improvisado delante de nosotros. La mujer coge un trozo de papel grueso y dibuja un gallo abstracto hecho en un par de trazos. A juzgar por los papeles que se asoman desde la papelera, debe de repetir ese mismo gallo cada vez que le presentan un grupo. No es un buen dibujo o, al menos, a mí no me lo parece. Y además se equivoca dos veces porque lo hace demasiado grande para el papel disponible y tiene que volver a empezar. Puede que este viaje esté acentuando mi escepticismo más de lo necesario, pero dudo de que la mejor pintora de Corea del Norte no sepa medir un lienzo que repite una y otra vez... en fin, me guardo las impresiones y seguimos la ruta por la sala de cerámica, presidida, cómo no, por un cuadro enorme de Kim Il Sung y Kim Jong Il visitando muy sonrientes los enormes jarrones de metro y medio de altura.

Todos los jarrones son grises y tienen motivos de flores o animales. Vemos la sala donde los estudiantes crean los jarrones. El torno de cerámica funciona con un pedal, nada de tornos eléctricos. Un chico sumerge sus manos en la masa de barro para ir dándole forma a un futuro jarrón. A su alrededor, una decena de chicas tallan con un punzón los jarrones a la luz de la ventana. Utilizan la luz natural porque no hay luz en la sala. Hoy el día está nublado, así que la luz entra con dificultades, pero no hay otra manera de hacerlo. En una sala posterior se encuentra la sección dedicada a pintar carteles propagandísticos a témpera. Los carteles oficiales que cuelgan de diferentes paredes, en muchos casos nacen en este estudio. Casi siempre aparece algún militar con cara de enfadado, portando un arma y elementos antiamericanos. El tipo de dibujo es muy parecido entre sí, y muy parecido también a los carteles de propaganda comunista de Vietnam, Rusia o China, siempre con algún eslogan del tipo: *¡Trabajemos juntos por el país!* o frases del estilo. Señalo una consigna pintada en color negro sobre fondo rojo y le pido a Kang que me la traduzca: *¡Realicemos con brillantez el deseo y el ideal de toda la vida del Líder padre, quien dedicó toda su vida por la felicidad del pueblo y démosle con reverencia el parte de victoria y alegría!* Otra: *¡Frustremos las maniobras bélicas y agresivas de los imperialistas y preservemos la paz de la Península Coreana y el resto del mundo!* Una más: *¡Defendamos y llevemos adelante el socialismo, ideal y futuro de la humanidad!* La última: *¡Cuando soñemos, debemos pensar en el dirigente Kim Jong Il y enaltecer fielmente su liderazgo!* Todas entre exclamaciones.

En la sala dedicada a la venta se ven los jarrones esmaltados, los carteles a témpera y algunas figuritas de madera. El elemento más popular de esta sala es un hombre de cera que sostiene un jarrón terminado entre las manos. Está tan bien hecho que la mayoría de personas que lo ven por primera vez lo saludan con naturalidad. Al ver que no contesta, y que no se mueve, es cuando se percatan de que es una figura de cera. Pero está realmente tan bien realizada que cuesta distinguirlo. Las canas, las arrugas de la piel, los labios, las uñas... la figura espera sentada en la segunda planta y me gusta contemplar las reacciones de los que suben. Algunos se asustan, otros saludan y la mayoría acaba examinando con minuciosidad los detalles.

En la misma sala hay una enorme foto enmarcada de Kim Jong Il de cuando visitó personalmente las instalaciones, lo cual, sin duda, es un motivo de orgullo. La foto es gigantesca, ocupa buena parte de una pared, y en ella aparece el presidente con sus habituales plataformas sin ningún disimulo. Cuentan que Kim Jong Il tiene complejo de bajito, ya que su estatura apenas sobrepasa el metro sesenta. Por eso, para parecer más alto en las fotos en las que sale con más gente, se calza unos zapatos de tacón y plataforma, al más puro estilo *drag queen* pero sin purpurina, y se deja caer el pantalón más largo para disimular. Lo había oído y leído en repetidas ocasiones y en esta foto se ve claramente el tacón y la plataforma, de unos ocho centímetros más o menos. También se cuenta que el estrambótico peinado del dirigente, con el pelo excesivamente cardado, es por el mismo motivo, para que la impresión visual sea de un tipo más alto. Desde que termina su cabeza hasta que termina su peinado hay fácilmente otros diez centímetros. Verlo en la foto, con sus plataformas y su pelo cardado me resulta casi hasta ridículo. Detrás le rodean altos cargos con zapatos planos y pelo liso que aún así le superan en altura. Qué distorsionados los carteles, donde él sale mucho más alto que todos los demás.

Terminada la visita volvemos a la carretera. Conducir por Pyongyang es fácil en cuanto a que no hay atascos, pero hay algunos detalles que me llaman la atención. Nuestro autobús, como la mayoría de los coches que he visto, tiene el volante a la derecha, imagino que por influencia de la dominación japonesa. Sin embargo, oficialmente se debe conducir por la derecha y también hay coches con el volante a la izquierda. Lo curioso es que conviven unos y otros y, aunque el escaso trafico no dé lugar a muchos adelantamientos, sí que es algo caótico tener que mirar desde el asiento de la derecha a ver si el que está delante, con el volante a la izquierda, te va a dejar pasar o no. Aunque esta reflexión, en realidad, no creo que la tenga ningún norcoreano. Los que tienen coche van por el medio, puesto que sobran carriles. La bicicleta ya parece un lujo y la mayoría de personas va a pie o en autobús público, del cual desconozco las frecuencias pero se forman colas kilométricas. Es impactante ver que en una parada de autobús hay más de doscientas personas esperando, siguiendo una fila tan recta que parece trazada con una plantilla. Todos los autobuses están atestados de gente y en todas las paradas las filas son desproporcionadas. Cuando llega el autobús, siempre a rebosar, empiezan los empujones para que entre el mayor número de personas posible. A veces asoman la cara por la ventanilla para respirar mejor, rodeados de codos, axilas y otros rostros apretujados que luchan por un hueco cerca de la ventana. Y, si es de noche, la misma operación se repite a oscuras, ya que el autobús tiene faros pero no está dotado de luz interna, así que solo se adivinan sombras apelotonadas desde el exterior.

En el programa previsto, se incluye la visita a un hospital como si se tratase de una atracción turística. Los norcoreanos están orgullosos de su sistema sanitario y nos quieren mostrar sus modernas instalaciones. De camino, recuerdo haber leído que muchos de los médicos y trabajadores de hospitales complementan su sueldo vendiendo fideos, puesto que con el sueldo del hospital no pueden vivir. Tras atender a los pacientes se ponen a amasar harina de maíz en el hospital, que luego pasan por la máquina de hacer fideos, para venderlo en el mercado y obtener un sobresueldo.

Lo primero que me llama la atención nada más acceder al hospital es la falta de luz. De día no creo que nadie se percate de ese detalle, pero ahora anochece y no hay luz eléctrica. Solo la luz que entra por las ventanas y que cada vez es más débil. Nos ofrecen colocarnos unas batas blancas para poder comenzar la visita. Cuando ya estamos uniformados, el responsable del hospital comienza a hablar:

—Por el profundo amor de Kim Il Sung y gracias a su infinita bondad, se construyó este hospital en 1984 —solo ha tardado un segundo en nombrarle, estamos en la media habitual—. En toda Corea del Norte hay hospitales y un sistema terapéutico y preventivo en todos los lugares donde haya seres humanos, incluyendo las recónditas aldeas montañosas. También, en cada fuente de aguas minerales y balnearios funcionan excelentes sanatorios. Por eso en esta zona no hay ni malaria, ni cólera, ni fiebres tifoideas ni ninguna otra epidemia. La esperanza de vida es de setenta y cinco años.

El hecho de que el mosquito que transmite la malaria habite exclusivamente en zonas tropicales, bastante más al Sur del paralelo 38, puede ser más determinante para la ausencia de esa enfermedad que cualquier acto realizado por Kim Il Sung, pero no entraremos en debate. Aunque habitualmente damos por hecho que los discursos que nos ofrecen suelen ser un tanto más idílicos que la realidad, lo cierto es que si hubiera que destacar algo positivo en el incomprensible régimen norcoreano, seguramente muchos elegirían el sistema sanitario. Todo el mundo, desde el nacimiento, tiene un médico asignado que se preocupa de velar por su salud. Es uno de los pocos puntos comunistas que no se han desvirtuado por completo, garantizando un sistema gratuito y accesible para todos, con profesionales perfectamente formados y una inversión evidente en los aparatos sanitarios. No obstante, también hay otra cara. El sistema es envidiable, pero los medicamentos escasean. El bloqueo internacional impide comprar medicinas en el exterior, así que tienen unos conocimientos apabullantes y sin embargo no pueden hacer una operación con anestesia porque no tienen anestesia. Algunos cuentan que la única manera es emborrachar o drogar al paciente para evitar el dolor de la operación. Eso me contaron en Occidente. Veremos qué nos cuentan aquí.

El Eterno Presidente y su hijo, cómo no, se asoman en un enorme mural de una de las paredes del vestíbulo principal, donde se ve a los dos sonriendo y paseando entre palomas en los alrededores de la torre Juché. Los pasillos son grandes y los medios modernos. Hay televisores de plasma y ordenadores de pantalla plana en las mesas, máquinas para realizar escáneres completos (CT), mamografías, etc. Aún no entiendo esa falta de luz, electricidad tienen, ¿por qué no la usan? Puede que sea una medida de ahorro, pero no me gustaría entrar en un quirófano sin luz, la verdad. En la sala de rehabilitación coincidimos con varios pacientes que realizan sus ejercicios. Gente con collarines o con lesiones, concentrados en recuperarse y salir adelante.

Este hospital sirve también como centro de enseñanza de medicina a distancia. Por videoconferencia, los médicos imparten clases a las personas que están en hospitales mucho más lejanos. Jason se muestra escéptico, pero le invitan a comprobarlo. En una sala, una televisión enorme de pantalla plana enfoca un aula con algunas mesas vacías. A los pocos minutos aparece una chica en la pantalla. Jason no puede evitar ponerse delante y comenzar a preguntar.

—Hola, ¿puedes oírme? Yo soy Jason, de Estados Unidos.

—Hola, sí, te oigo —el doctor hace de intérprete entre ambos.

—¿Podrías decirme en qué sitio estás ahora mismo?

—En mi ciudad, a unos ochocientos kilómetros de Pyongyang

—¿Y te conectas cada día a esta videoconferencia?

—Solo los laborables, unos veinte días al mes. Durante una hora en cada ocasión.

—¿Tienes que pagar algo por hacerlo?

—No —contesta extrañada—, todo gratuito. La educación y la sanidad son gratuitas.

—Ya... perdona que insista pero tengo alguna curiosidad más ¿Te importa que te robe unos minutos?

—Adelante.

—¿Lo que tú estudias es medicina moderna o tradicional?

—En mi caso moderna. Son dos carreras diferentes. La de medicina moderna son cinco años y uno intensivo donde se aborda el tema de la medicina tradicional. Pero el que estudia medicina tradicional hace la carrera de cinco años solo de medicina tradicional. Son dos carreras distintas que se estudian en facultades distintas.

—Si tienes un bebé, ¿Cuánto dura la baja por maternidad?

—Tenemos ciento cincuenta días, unos cinco meses. Los sesenta primeros días se obtienen dos meses antes de dar a luz y, una vez que ha nacido el bebé, se conceden noventa días más.

—¿Hay algún límite de edad para realizar operaciones? No sé, por ejemplo, si alguien es muy mayor ¿se le puede denegar la operación por riesgo?

—No conozco ningún caso. En principio uno puede ser operado a cualquier edad si eso te garantiza una mejoría en tu salud.

—Por último, en mi país al menos, trabajamos con muchas medicinas importadas que nosotros no fabricamos, pero que sabemos que van bien para determinadas enfermedades. ¿En vuestro caso?

—Sí, también. Tenemos medicinas de todo el mundo.

—¿De verdad? ¿No hay un bloqueo que no os permite comprar nada al exterior?

Aquí la chica se queda un momento callada. O no sabe la respuesta o está tratando de buscar las palabras adecuadas. Tras unos momentos ella responde:

—No sé de qué bloqueo me hablas. Solo sé que nuestro querido e indispensable Kim Jong Il nos proporciona lo que necesitamos, y eso incluye medicinas internacionales. En realidad no puedo saber cómo las consigue él o a qué problemas se enfrenta, pero sé que nos las envía puntualmente.

—¿Y qué hay de los médicos especializados? ¿Viajan al extranjero para mejorar su formación?

—Sí —esta vez el que contesta es el doctor, que no se ha molestado en traducir la pregunta—. Algunos de mis compañeros han estudiado en Cuba o en China. Y yo mismo estudié una especialidad en Alemania.

—¿En serio? ¿De veras has estado en Alemania? —Sebastien interrumpe la conversación a tres bandas entre el doctor, la alumna y Jason—. Entonces es posible que entiendas el alemán...

—Sí, por supuesto —asegura el doctor—. No solo el alemán, también hablo otros idiomas.

—*Wirklich? Ich spreche deutsch! Erzähle, wie hat dir das Land gefallen?*[1]

El doctor sonríe, pero no contesta. Sebastien, que conoce bien el alemán, trata de buscar la complicidad con el idioma, pero el doctor se limita a mirarle con expresión pasiva como si no hubiese oído ni una mosca. ¿Habrá entendido la pregunta? ¿La habrá entendido pero no quiere responderla? ¿Habrá estudiado en una residencia alambrada como nos contaba Kim de su experiencia en Cuba? Y, la pregunta que todos nos hacemos... ¿Habrá estado realmente en Alemania?

Jason retoma la conversación con la alumna.

—Perdona, una última pregunta: ¿Trabajáis con anestesia antes de hacer una operación?

—Sí, siempre que sea necesario.

—Gracias. Te deseo lo mejor. Has sido muy amable.

—Gracias a ti.

Y, tras esta conversación, el doctor nos pone dos videos especialmente desagradables sobre operaciones de corazón y cerebro. Supongo que su intención era demostrar que el nivel

---

1/ ¿De verás? ¡Yo hablo alemán! Cuénteme ¿Qué le pareció el país?

de medicina y de operaciones en la República Democrática Popular de Corea está muy avanzado, y que hacen trasplantes de corazón con los ojos cerrados. Es posible, el video trata de explicar eso mismo, pero digamos que es tan explícito que me cuesta mirarlo directamente.

Habrá a quien le guste ver un cerebro desmenuzado, pero no es mi caso. Marina, Pau y yo agachamos la cabeza para ver lo menos posible. Kang se une. Jason mira de reojo. Solo Sebastien se muestra entusiasmado. Los dos vídeos son tan largos que al final casi me quedo dormida de tanto mirarme los pies.

Cuando nos dirigimos a la salida del hospital, veo como Sebastien cambia el rumbo para meterse en una sala que le ha llamado la atención. Así es él, como un niño que no atiende las explicaciones de los mayores, y que se siente atraído por lo desconocido. Pero lo hace con tanta inocencia que ningún guía consigue enfadarse con él. Kang va detrás del belga, pero en vez de conseguir que vuelva al redil, la consecuencia es que todos vamos detrás de Kang y acabamos metidos en una biblioteca de medicina. Ya que estamos allí, nuestra guía se arma de paciencia y llama al doctor para que nos explique en qué consiste esta sala. De forma breve nos cuenta que los familiares del paciente o el propio enfermo si está en condiciones, suelen dirigirse a esta pequeña biblioteca tras conocer el diagnóstico para saber más sobre su enfermedad. En varias estanterías se acumulan libros de medicina. Así, si se detecta un problema en el bazo se pueden escoger los libros dedicados al bazo y averiguar más sobre la enfermedad detectada. Solo le echo un vistazo rápido, pero veo a varias personas enfrascadas en diferentes textos, como si estuviéramos en una clase... y sin luz.

De regreso al hotel, vemos a miles de norcoreanos moviéndose a la vez, en masa, mientras una chica subida a un andamio bastante precario da órdenes silbato en mano.

—¿Un entrenamiento para el Arirang festival? —pregunta Jason.

—No, están preparando las celebraciones masivas del día de Corea, que es en septiembre. Es otro evento.

Es otro, pero es igual. En Corea del Norte siempre hay algo que celebrar masivamente, o algo para lo que entrenarse masivamente al menos. Por eso es normal cruzarte por la calle con un batallón de seiscientas personas vestidas iguales. Posiblemente preparen algo. Y cuando lo hayan terminado de preparar, seguro que hay otra celebración en marcha. Por curiosidad le pregunto a Kang, lápiz en mano, cuáles son los días señalados como especiales en Corea del Norte, en los que se celebre algún acto popular. Su respuesta me deja sin palabras:

*1 de enero — Día de Año Nuevo

*16 de febrero — Día conmemorativo del nacimiento de Kim Jong Il

20 febrero — Día de los mecánicos

5 de marzo — Día de la agricultura

8 de marzo — Día de la mujer

22 de marzo — Día de los pescadores

5 abril — Día de la salud pública

6 abril — Día de la repoblación forestal

8 de abril — Día de las comunicaciones

*15 de abril — Nacimiento de Kim Il Sung

25 de abril — Día del Ejército Revolucionario Popular y del Ejército Popular de Corea

*1 de mayo — Fiesta de los obreros de todo el mundo

11 de mayo — Día de los ferroviarios

15 mayo — Día de los geólogos

21 de mayo — Día de los constructores

1 de junio — Día de los pioneros

6 de junio — Día de la unión de niños de Corea

7 de junio — Día de la industria local

1 de julio — Día de los mineros
7 de julio — Día de los trabajadores de las minas de carbón
10 de agosto — Día de los obreros forestales
*15 de agosto — Día conmemorativo de la liberación de la patria
20 de agosto — Día de las fuerzas aéreas
28 de agosto — Día de la juventud
28 de agosto — Día de las fuerzas marinas
5 de septiembre — Día de la urbanización
5 de septiembre — Día de la enseñanza
*9 de septiembre. Día conmemorativo de la fundación de la República Popular Democrática de Corea
15 de septiembre — Día del comercio
9 de octubre — Día de los metalúrgicos
*10 de octubre — Día conmemorativo de la fundación del Partido del Trabajo de Corea
14 de octubre— Día de la radiodifusión
Segundo domingo de octubre — Día del deporte
15 de octubre — Día de la industria textil
1 de noviembre — Día de la prensa
16 de noviembre — Día del transporte por tierra y mar
6 de diciembre — Día de la industria química
*27 de diciembre — Día de la constitución socialista de la República Popular Democrática de Corea.

Los que aparecen precedidos por un asterisco son fiestas nacionales, pero en el resto también se organizan actos masivos. Casi nada.

En la puerta del hotel nos encontramos con Kim. Tiene el ceño fruncido.

—¿Todo bien Kim?

—¿Bieeen? ¡Para nada! He estado tooooodo el día aquí, sin moverme. Todo el rato en la puerta por si el mexicano y su dama de compañía querían salir. ¿Y qué han hecho?

¡Nada! ¡No han salido de la habitación! Ni siquiera han bajado a comer a ningún restaurante. Allí se han quedado esta mañana y ahí están. Y yo con un día perdido. Todas las horas aquí, mirando el reloj. ¡Qué aburrimiento!

—No te apures Kim, ya pasó el día. ¿Unas cervezas?

Nos unimos solo Jason, Pau y yo. Los demás van por su lado. Nosotros en estos días hemos acabado congeniando y puedo decir que hasta me cae simpático Kim, cosa que no creía que me llegara a suceder. Le contamos más o menos lo que hemos hecho a lo largo del día, y cuando estamos en la parte de los estudios de cine, nos pregunta:

—Por cierto, llevo tiempo queriendo hacer esta pregunta a alguien extranjero. Es que aquí en Corea no solo nadie va a saber la respuesta sino que ni puedo preguntarlo. Una vez, de forma clandestina, vi una película hecha en Hong Kong sobre un actor que practicaba algo así como la «lucha borracha».

—¿Qué es eso de la lucha borracha?

—Salía en la película. Es como el taekwondo, una especie de deporte, pero parece que vayas borracho por la manera de dar los golpes. Es que me encantó la película y quiero saber el nombre del actor para conseguir más.

—¿Clandestinamente?

—Sí, claro. Esto, no... quiero decir. Bueno, solo es para saber como se llama. Curiosidad.

—Pues... personalmente no me suena nada eso de la lucha borracha —comento—, pero si te sirve de algo, Jackie Chan es uno de los actores más conocidos que hay en Hong Kong y ha protagonizado muchísimas películas de acción, lucha y acrobacias varias. Quizá es el actor oriental más popular en Occidente.

—¡Me sirve! ¡Muchas gracias!

—Espera, ¡ya sé de qué película hablas! —asegura Jason—. Es la de *El mono borracho en el ojo del tigre*, ¡seguro! Ahora que habéis nombrado a Jackie Chan me he acordado.

Y luego hizo una segunda parte de esa película que se tituló *La leyenda del luchador borracho*, todo encaja, tiene que ser esa.

—¡Gracias Jason! Qué contento estoy, hasta ahora no se lo había podido preguntar a nadie. Ahora me iré con este nombre a buscar más películas de ese actor, que me gustó mucho.

—¿Y dónde irás a buscarlas? ¿Hay algún tipo de mercado negro de películas en Corea del Norte?

—No, no. Yo no digo nada. Mejor me callo.

—Anda, tómate otra cerveza —le incita Jason.

Continuamos con el dialogo de forma más relajada y, a las dos o tres cervezas, vuelve a salir un tema que, seguramente, de no ir medianamente borracho, lo trataría con más sutileza. Jason, imparable, vuelve a preguntar.

—¿Sabes? Lo del pin es muy curioso para los extranjeros. Se nos hace muy raro que toda la gente tenga que llevarlo. ¿Cómo es? ¿Te dan uno al nacer? ¿Se compra? ¿Se vende cómo souvenir?

—¿Souvenir? No, no... éste es el Gran Líder, hombre, no un souvenir. A este pin hay que tratarlo con máximo respeto.

—Es un pin...

—Es la imagen de un graaan hombre que tanto hizo por su pueblo. No, no se vende ni se compra, el gobierno entrega uno a cada persona al cumplir dieciséis años. Es la edad mínima obligatoria para llevarlo. Cuando eres niño no hace falta.

—Por lo que veo no son todos iguales. El tuyo es redondo con fondo blanco, el de Kang tiene el fondo rojo y los he visto rectangulares o con fotos que no son solo de Kim Il Sung, si no también de Kim Jong Il...

—Así es, hay varios modelos.

—¿Significa algo especial que sea de un color u otro?

—Nooo, no. Solo son diferentes modelos, pero el mismo significado, llevar al líder cerca del corazón, como él nos llevó a todos nosotros.

—¿Y uno puede elegir el modelo?
—No, es aleatorio. El gobierno manda uno a casa y es el que llevarás toda la vida.
—Pero el cierre es débil. ¿Qué pasa si uno lo pierde? ¿Qué le pudo pasar al que lo hubiese perdido en el parque de atracciones?

Kim deja el vaso en la mesa. Abre los ojos con fuerza y se acerca la mano totalmente horizontal hacia la yugular, simulando un corte. No sé si exagera por ir borracho o si por ir borracho se sincera con más facilidad.

—Mejor no perderlo, créeme. Este símbolo es como las fotos que hay en cada una de nuestras casas. Tienen que estar siempre perfectas. Es la manera de expresar el respeto por el líder. ¿Cómo se van a creer que respetas una imagen si ni siquiera te preocupas de conservarla?
—Pero se te puede caer... le puede pasar a cualquiera.
—Sí, pero mejor que no te pase.
—¿Qué harías tú si lo perdieses?

Kim tarda en reaccionar.

—Mira, en el parque de atracciones, cuando vi que lo que tenías en la mano era un pin oficial, se me pasaron dos cosas por la cabeza. En primer lugar tuve miedo. Sobre todo si el pin era mío. Mi siguiente pensamiento fue hacerme con él. Quedármelo. Nunca se sabe cuándo lo podría necesitar. Creo que Kang pensó lo mismo que yo, y además fue más rápida.
—¿Crees que Kang se quedó el pin? ¿No fue a hablar con el responsable del parque de atracciones?
—Eso hubiera sido lo correcto, y probablemente es lo que hizo. Pero quién sabe. Tener un pin de repuesto puede ser muy útil.
—Pero sigues sin responderme a mi pregunta Kim —presiona Jason—. ¿Qué harías tú si lo perdieses?
—Seguramente buscaría alguno de contrabando.

—Entonces, ¿sí que hay contrabando?

—Oye, chico, yo negaré esta conversación, pero sí, hay contrabando de todo. De comida, de teléfonos móviles, de cigarrillos, de insignias... algunos son pins piratas, meras falsificaciones, pero otras son los auténticos, como el que encontraste en el parque, o de gente que ha fallecido, por ejemplo. Si alguien lo ve a tiempo, le quita el pin y se puede sacar un dinero extra vendiéndolo, porque siempre hay personas que lo necesitan. Si no lo tienes es mejor que no salgas de casa.

—¿Qué te puede pasar? ¿La muerte?

—Nooo, un campo de reeducación. Para aprender a valorar correctamente la imagen del líder.

Pasan las horas y Kim sigue bebiendo. Son los ratos más agradables del viaje, sobre todo por la falta de tapujos con la que habla Kim. Ya de madrugada, nosotros estamos contentos y Kim está borracho perdido.

—Vuelve a explicarme lo del reparto de la comida —le pide Pau—. ¿Cuántos kilos os dan cada mes? Es que no me enteré cuando lo explicaste.

—No sé qué os diría el otro día, pero seguro que lo resumí. El tema del racionamiento es un poco largo y depende de muchos factores. No se le da lo mismo a todo el mundo. Pero como es largo de explicar, normalmente les cuento otra cosa a los turistas. Para acabar antes.

—Bueno, pero ahora tenemos tiempo. ¿Quién recibe más? ¿Los militares?

—Es que depende de la edad y del nivel de empleo. Hay nueve categorías. No necesita lo mismo un bebé recién nacido que un minero, por ejemplo. Y eso no son desigualdades, es pura lógica.

—¿Y en qué categoría estás tú?

—Yo en la número treees. En la de trabajadores adultos. Cada uno de nosotros tenemos una cartilla, donde pone la fecha de reparto y un número personal de identificación. Yo recibo más arroz que un estudiante, por ejemplo, pero menos que un minero. No deja de ser algo evidente. El minero necesita más energía que yo y yo necesito más arroz que un recién nacido. Por eso, la categoría 1 y 2, que es la destinada a trabajadores en fábricas o en industria pesada, reciben ochocientos o novecientos gramos de arroz, maíz, trigo o diferentes cereales diariamente. Yo recibo unos setecientos. Y, por debajo de mí, están los estudiantes, las amas de casa, los ancianos o los presos.

—¿Los presos? ¿Cuántos gramos recibe un preso?

—Unos doscientos gramos.

—Y habiendo mercado negro como dices que hay, ¿no hay gente que revende sus generosas raciones a los que no tienen más comida?

—Cada uno hace lo que puede. A veces el grano es malo y, aunque la cantidad sea grande, no se puede aprovechar por completo, pero sí, hay gente que vende alimentos en el mercado negro o los cambia por otra cosa. Los cigarrillos, por ejemplo, siempre son muy buscados. Pero, ¿qué os estoy contando? Oye, a mí no me metáis en ningún lío, ¿eh? Bah, todo esto es mentira. Me lo estoy inventando sobre la marcha.

—No se diferencia mucho de lo que conocemos nosotros, aunque los occidentales insisten en que Estados Unidos y Corea del Sur os mandan arroz habitualmente como ayuda urgente para los necesitados, pero que ese arroz, de buenísima calidad, nunca llega al pueblo porque se lo quedan los militares.

—¿Y qué más? Los americanos no hacen más que mentir. Es una táctica más para hacer ver que ellos son muy buenos y nosotros muy malos, cuando es al revés.

—Es curioso Kim. Tú ves muy claro desde aquí que los de fuera mienten. Y a los que estamos fuera vemos muy claro como se miente en Corea del Norte. ¿Cuál sería la conclusión? Yo creo que está clara. Todos mienten.

—Yo nooo miento.

—Acabas de decir que lo del contrabando era mentira.

—¡Me estáis liando! Voy muy borracho, me voy a dormir. ¡Ahí os quedáis!

Lo cierto es que son casi las cinco de la madrugada. Todos teníamos ganas de irnos a dormir pero, teniendo a Kim tan dispuesto a contar supuestas verdades, los tres habíamos optado por aplazar el sueño.

Estamos tan cansados cuando llegamos a la habitación, que caemos rendidos con la ropa puesta y así, en la misma posición, nos despertamos al día siguiente.

9. El orfanato

Sin abrir los ojos oigo la voz de Pau.

—Qué dolor de cabeza. Buf, vaya resaca. Pero fíjate cómo hemos dormido. ¡Si estamos vestidos! Qué pintas, por favor. Estás horrorosa cariño...

—Yo también te quiero —le digo a Pau antes de darle un abrazo.

—Lo primero es lo primero —susurramos.

Y no sé si por cansancio o porque ya estamos acostumbrados a esta habitación, pero por primera vez no prestamos atención a ninguna posible cámara o micrófono. No nos tapamos bajo las sábanas para dosificar caricias, nos vamos despertando con besos apasionados que hasta ahora habían permanecido casi ocultos. Por si acaso. Nos olvidamos del lugar en el que estamos y rodamos por la cama muertos de risa, por pensar en que a lo mejor, algún día, alguien difunde nuestra escena en la industria pornográfica norcoreana. Vete a saber.

Nuestras ojeras delatan nuestro cansancio. Jason y Pau se duermen nada más subir al autobús. A los demás no los veo desde mi sitio, porque estoy concentrada en la ventanilla. Tengo sueño, pero no quiero cerrar los ojos. Quiero observar lo que me rodea. Cuando salimos a la carretera, me entretengo en juegos imaginarios, como contar cuántos segundos transcurren sin que aparezca una persona en el camino, por ejemplo. Es una manía inexplicable que me ha dado por hacer en este trayecto. Uno, dos, tres... vuelta a empezar, he visto un hombre barriendo la autopista. Uno, dos, tres, doce... ahora una mujer encorvada.

Mi récord está en veinticinco segundos. Normalmente, a los cinco ya hay alguna señal de vida, porque la vida no se detiene ni en mitad de la nada. La gente anda kilómetros y kilómetros por lo que parece... Es curioso ver cómo te alejas en coche de cualquier población y aparece gente por el arcén, trabajando, andando o haciendo cualquier cosa, pero allí están, lejos de cualquier sitio. Y siguen su camino. ¿Cuánto tiempo andarán para ir de un sitio a otro? Si yo tardo diez minutos en ver un poblado y voy en coche, ¿ellos han salido desde allí andando y no han parado? ¿Qué hacen tan lejos? Algunos barren la autopista, recogen briznas o cualquier otro tipo de «trabajo voluntario» para demostrar su amor por el país. ¿Les deja un coche en medio de la nada y luego les recoge? ¿Tienen que volver andando al último lugar habitado que he visto, a decenas de kilómetros? Kim no me responde a estas preguntas.

También cuento cada cuánto tiempo aparece algún cartel o consigna revolucionaria. Aquí tardo más. El récord lo tengo en dos minutos sin ver nada aparentemente revolucionario por la ventanilla. Y cuando estoy a punto de seguir contando... *¡Viva la idea revolucionaria de Kim Il Sung!*, *¡Larga vida al presidente Kim Il Sung en el siglo XXI!*, *¡Seamos héroes en la valiosa lucha por glorificar la época Kim Jong Il!*, *¡Llevemos a un nuevo grado el espíritu revolucionario de nuestra autosuficiencia!*, son algunas de las frases que me traducen con orgullo Kang o Kim.

Y así, de consigna en consigna, llegamos a Nampo City, situada a cincuenta y cinco kilómetros al oeste de Pyongyang, en la costa occidental de Corea. Sabiendo de antemano que pasaríamos por un orfanato, decidimos llevar en nuestro equipaje algo de material escolar, ropa y alimentos, tal y como hemos hecho en viajes anteriores. Hablamos con Kang y le proponemos dejar parte de lo que hemos traído en el orfanato.

—¿Por qué? —responde de forma severa— ¿Acaso creéis que en este orfanato no llega la ayuda del gobierno? No necesitan nada de lo que pueda traer ningún extranjero. Corea del Norte es un país autosuficiente y nosotros mismos sabemos ocuparnos de nuestras necesidades.

Trato de entender la lógica norcoreana y, tras darle algunas vueltas, imagino que aceptar ayuda, especialmente delante de los demás, es aceptar que tienen necesidades y, por tanto, algo que desacredita su propio sistema. No se me habría ocurrido nunca plantearlo de esa manera. A veces, realizamos acciones llenas de buena intención que son recibidas como un motivo de ofensa. La situación hace que me acuerde de un amigo al que conocimos Pau y yo viajando por el mundo. El tipo conoció a una chica birmana que había cruzado la frontera con Tailandia. Ella se había asentado en un pequeño poblado en las montañas al que acababa de llegar la electricidad. En su modesta casa de adobe siempre hacía mucho calor. Para lavar la ropa tenía que andar cargada hasta el río. Impresionado por su fuerza de voluntad, y las duras condiciones en las que vivía, decidió ayudarle de la manera que consideró adecuada en ese momento, comprándole una lavadora, un frigorífico y un aparato de aire acondicionado, que encargó que le llevasen a la puerta de su casa.

Al día siguiente, la chica acudió angustiada a donde estaba nuestro amigo. Sus regalos le habían puesto en una situación muy incómoda, puesto que los vecinos se habían acercado a su casa para ver esos aparatos que no tenía nadie más en el poblado y concluyeron que ya que ella era la persona más rica de la aldea, su deber ahora consistía en ayudar económicamente a los demás. La chica no hubiera podido pagar nunca la factura de la electricidad si empezaba a usar los electrodomésticos y, mucho menos, ayudar con dinero a sus vecinos. Y también perdía la oportunidad de hablar con sus amigas en el río mientras hacía la colada.

Nuestro amigo se quedó desconcertado, porque él lo había hecho con la mejor intención, pero lo que consiguió fue que la chica a la que quería ayudar se marchase muy enfadada por su actitud, que ella consideró fuera de lugar. Más o menos así me siento ahora. Veo a Kang seria, casi enfadada, porque hemos traído material para el orfanato y eso es una ofensa.

—No hace falta que entreguemos nada a nadie —le explico para suavizar la tensión del momento—. Simplemente, son cosas que nosotros no usamos e igual que se las regalo a mis sobrinos o a mis vecinos, sin que eso signifique que ellos las necesitan, ahora estoy aquí y es como un detalle de agradecimiento por el tiempo que nos dedicáis.

—Haremos una cosa —propone Pau—, voy a dejar el material en el primer asiento del autobús. Si quieres, Kang, se lo comentas al responsable del orfanato y que decidan si les interesa o no. Si no les interesa, no pasa nada, lo dejamos en el autobús, te lo quedas, se lo damos a Kim, al chófer, lo repartimos entre los compañeros de grupo o nos lo llevamos de vuelta. Y si se lo quedan los del orfanato, no tenéis más que cogerlo del autobús en cualquier momento. Sea lo que sea, no tienes por qué darnos ninguna explicación. Sabemos que la decisión será la más adecuada.

Kang escruta con la mirada a Pau. Permanece seria evaluando las palabras que acabamos de decirle. Se gira sin decir ni una palabra y nos presenta a la directora del centro, una joven sonriente que nos invita a pasar dentro con el resto del grupo.

La experiencia en el orfanato me deja horrorizada. Y no, no es por ver a los niños huérfanos. A lo largo de mi experiencia como viajera y como voluntaria, he estado en varios orfanatos de otros países, pero éste... Éste no se parece en nada a ninguno. Y los niños tampoco. Para empezar, no es un lugar en donde solo conviven huérfanos, si no que también hay gemelos y trillizos, es decir, nacimientos múltiples de padres que están ambos en perfecto estado de salud pero que no llegan a cuidar de más de un niño al mismo tiempo. En ese sentido hace la función de guardería o internado para gemelos y trillizos. Así que está lleno de caritas exactamente iguales de edades entre los cero y los seis años.

—¿Y qué ocurre cuando cumplen seis años? —pregunto.

—Pasan a otro lugar. A un colegio donde permanecen internos hasta la mayoría de edad, a cargo del Estado. A partir de ahí pasan a trabajar para el gobierno.

—Entonces, estos niños ¿no son adoptados por otras familias? Ya sé que no hay relaciones con otros países para hacer una adopción internacional, pero pensaba que una pareja estéril de norcoreanos podría hacerse cargo.

—No, no. Cuando un niño llega aquí, ya no se va. Aquí tiene comida, cama y educación durante seis años. Y luego tampoco le falta de nada. No va con otra familia, porque ésta es su familia.

Solo la frase ya me deja bastante atónita. El horror aumenta cuando pasamos por unos pasillos adornados con los murales de Kim Il Sung y Kim Jong Il en unas escenas rodeados de niños sonrientes que se acercan a adorarles, bebés jugando a construir un puzzle con la hoz y el martillo o la torre Juché... Desde recién nacidos solo ven eso. Exclusivamente.

Estoy en el primer orfanato —o guardería— donde nadie llora, nadie. No huele a orina, ni a comida, ni a nada. Todo está tan limpio y perfecto que parece de plastilina. En una habitación una enfermera canta canciones, en otra les cuenta un cuento sobre las infinitas bondades de Kim Jong Il, en otra juegan a algo parecido al corro de la patata, en otra comparten balancín... ¿Ningún bebé llorando? ¿Ninguno? ¿Cómo los pueden tener tan aleccionados con menos de dos años? ¿Es que si llora alguno se lo llevan a otro sitio?

En la sala de los más mayores, los de cinco años, vuelvo a quedarme horrorizada. Algunos niños están quietos, montados sobre triciclos, o dibujando. Pero cuando la cuidadora nos ve llegar, da una palmada y los niños se ponen de pie, inmediatamente, cada uno en un lugar determinado.

Lo más impactante para mí sucede cuando la maestra les dice la palabra mágica: «Kim Il Sung». Como si hubiera accionado una palanca, todos los niños comienzan a cantar y bailar con una coreografía elaborada, una canción en honor a Kim Il Sung. Veo a las niñas de cinco años con una sonrisa forzada, obligadas a no dejar de sonreír ni un instante, cantando alabanzas sobre el amado Kim Il Sung, mientras dan vueltas y más vueltas, y bailan con una coordinación extrema, para ser tan pequeñas. La palabra mágica, la que más van a oír y pronunciar a lo largo de su vida, supongo. Ya desde niños sirve como resorte, hay que alabarle, hay que coordinarse, hay que sonreír, hay que hacerlo por obligación. La palabra mágica ha sonado.

Me marcho pensando que no hemos visitado un orfanato sino una fábrica de robots. Máquinas humanas que van a estar dieciocho años oyendo una sola cosa y que posteriormente van a trabajar para el gobierno, sin escapatoria, defendiendo lo único que han oído en su vida. La grandeza de Kim Il Sung. Me asusta esta visita, porque me hace ver muy negro el futuro de Corea del Norte.

Salimos de Nampo City, una ciudad con las calles más sucias, niños descalzos y peor vestidos que en la capital y con el orfanato más lujoso del mundo. Seguimos la carretera paralela a las vías del tren hasta que paramos en el complejo hidráulico del mar Oeste, a unos quince kilómetros. Veo algunas barcas o pescadores solitarios a lo lejos. Los norcoreanos se muestran orgullosos de esta obra, una especie de presa gigantesca que separa el agua dulce del río Dedong del mar, pero la explicación es tan cansina, en un idioma que no es el mío, que me aburro lo suficiente como para decirles a los guías que prefiero esperar fuera. Salgo cuando están contando que en la DPRK tienen más de mil setecientos lagos artificiales creados para hidrocentrales y grandes obras de regadío. Por lo que veo no es necesario tragarte lo que no te gusta. Puedes decir que no y no pasa nada. Pau y Kim se vienen conmigo.

El sol es fuerte a estas horas y los tres estamos sudando. En el exterior se extiende un denso bosque de chopos y arces cuyo olor me inunda. Hay unas enormes mariposas negras de unos veinte centímetros de ancho, otras lilas más pequeñas, libélulas llamativas, ramilletes de diminutas flores blancas, mariposas de ocelos azules, arañas grandes de unos diez centímetros de diámetro y ruidos de naturaleza que me hacen sentir viva. Al ver una de las arañas, Kim se pone a gritar de forma histérica en el papel de soprano.

—¡Ahhhrg! ¡Socooorro! Ésta es horriiiible, salid de ahí, madre mía, qué graaande. No soporto las arañas, es que no puedo con ellas. Tengo pánico. ¡Vámonos a otra zona por favor!

—Tranquilo Kim, ya nos movemos. Si solo era una araña, no es para tanto.

—Para mí sí. No puedo ni verlas. Ahora mismo no podría acercarme hasta donde estaba antes ni aunque quisiera. Solo saber que hay una araña merodeando... Qué sensación tan horrible. Es auténtico terror lo que siento.

—No deja de ser una fobia habitual —comenta Pau—. Yo por ejemplo tengo pánico a las agujas. Sin embargo las arañas me dan igual. Hay gente que no soporta las alturas o la oscuridad.

—Eso es, cada uno tenemos una fobia escondida. Eso está claro. ¿Cuál es la tuya? —me pregunta.

—Pues... de verdad que no la conozco. No siento un miedo irracional por nada. De momento no. Hay cosas que me asustan, por supuesto, pero no sé si es de forma irracional. No quiero que me pique ninguna araña, pero no chillo al verlas. A lo mejor aún no he descubierto lo que me asusta realmente.

—Ya lo descubrirás, seguro que hay algo que te hace no soportarlo. Estoy completamente seguro. A todo el mundo le pasa.

Su seguridad me hace pensar en el libro de George Orwell. El protagonista tenía una fobia irracional a las ratas y el libro da por sentado que cada persona tiene una fobia. Algo que le provoca tanto, tanto miedo que le hace confesar en caso de tortura.

—Y que conste que me encantan los animales ¿eh? —continúa Kim más relajado.

—¿Sí? ¿Tienes alguna mascota en casa?

—Noooo.

—Ahora que lo dices, no he visto ningún perro por la calle ¿nadie tiene perros?

—Yo tuve uno, aunque no es muy frecuente. Era un pastor alemán, creo que se dice así, y le cogí mucho cariño. Murió hace unos años. Ahora ya no quiero volver a tener una mascota nunca más. La gente no suele tener mascotas. A veces peces o flores, pero nada más.

—¿Por falta de dinero?

—O por falta de interés, no lo sé muy bien. Supongo que bastante tenemos con nuestra carga personal, como para añadir más.

El calor se hace tan intenso que Pau propone continuar la conversación dentro del autobús, al refugio del aire acondicionado.

—No se puede.

—¿Por qué?

—Porque no está el chofer.

—¿Y dónde está?

—Nadaaaando.

—¿Nadando? ¿Hay una piscina aquí cerca?

—Hay una playa. El mar del oeste, ¿recuerdas dónde estas?

—Ah, sí, claro. ¿Y podemos ir hasta la playa?

—Ehhhh, mmm, ssssísíí...

—¿Sí? ¡Genial, pues vamos!

—Esto... creo que no da tiempo.

—Bueno, aunque no nos demos un chapuzón, solo echar un vistazo.

—Mejor que no. Si sale Kang y no me ve con vosotros...

—¿Y si le avisamos?

—Ella dirá que no. Además hay que pagar para entrar.

—¿Perdón? ¿En un país comunista se paga para disfrutar de un espacio público?

—Bueno, cambiemos de tema por favor. Si tenéis calor, podemos entrar en el edificio. Y si no, nos podemos colocar a la sombra de estos chopos. Siempre que no haya una araña cerca, a ser posible.

Por su expresión sé que se siente incómodo cuando no sabe qué responder. Si hubiera bebido, seguramente se soltaría un poco más, pero es de día, está cansado y sobrio. Nos consta que si no quiere hablar de un tema, no lo va a hacer. Así que nos sentamos a la sombra y esperamos al resto del grupo.

Vemos llegar al chofer, no sé si viene de la playa o no, porque está completamente seco, y no lleva ni toalla ni ningún atuendo que le pueda delatar. Nos invitan a subir al autobús ahora e ir directos a una cooperativa agrícola o bien dar un paseo de unos cuatro kilómetros cuesta abajo y, una vez allí, subir al autobús que nos estará esperando. El grupo se divide, Irina se asusta al oír cuatro kilómetros. Será por sus tacones de aguja, poco prácticos para pasear. Horacio y Sebastien se quedan con ella en el autobús. Jason, Marina, Pau y yo bajamos andando. Kang va en el autobús y Kim con nosotros. Pau y yo siempre hemos sido de paso ligero. Estamos acostumbrados a andar y casi nos resulta más complicado ir despacio que deprisa, así que sin darnos cuenta nos vamos adelantando a los demás. Lo que nos sorprende es que Kim no dice nada. En otras ocasiones, si nos llegaba a perder de vista, enseguida nos pedía que nos quedáramos a su lado, pero esta vez no. Jason y Marina hablan con él, y nosotros dos vamos unos quinientos metros por delante. De modo que, como el camino es serpenteante, por segunda vez en todo el viaje, tras la experiencia en el parque de atracciones, experimentamos una sensación inexplicable. Paseamos solos. Nos cruzamos con norcoreanos y saludamos. Normalmente no nos devuelven el saludo, es más, tratan de no mirarnos demasiado, pero nosotros somos felices con este pequeño resquicio de libertad. Nos paramos en una roca, buscamos mariposas, nos contamos chistes y nos sentimos en una escena poco habitual en Corea del Norte.

Hacemos los cuatro kilómetros completamente solos, en uno de los momentos más dulces del viaje. Pasear cogidos de la mano, después de tantos días evitando expresiones demasiado cariñosas en público... no es que esté prohibido, Kim nos dijo que podíamos hacer lo que quisiéramos, que ya sabía que los extranjeros somos muy raros y «no estamos bien educados». No obstante, por respeto, procurábamos no besarnos delante de los compañeros, ya que al igual que en muchos otros países, los asuntos amorosos se tratan con una discreción mucho más extrema que en Europa. Pero aquí, nadie por delante, nadie por detrás, nos besamos sin reparo, nos abrazamos, reímos y por un momento me parece que estoy dando un paseo por las Bahamas. Hasta que al cabo de unos cuarenta minutos un gran mosaico de unos veinte metros de altura con la cara de Kim Il Sung me recuerda que seguimos estando en Corea del Norte.

En nuestro camino solitario damos con la playa. ¡Sí, la playa! Parece artificial, rodeada de arces, con placas cuadradas de cemento y sin arena. Hay gente bañándose, no sé si habrán pagado o no, pero ahí están. Las mujeres van ataviadas con un traje de baño completo, ninguna lleva bikini, y por supuesto no se concibe el *top less*. Todos parecen relajados, unos nadan, otros miran el horizonte, los niños chapotean o buscan tesoros entre las rocas. Nadie toma el sol, puesto que la blancura es un símbolo de belleza, así que se protegen con el paraguas a modo de sombrilla. Lo más llamativo son unos altavoces en la propia playa repitiendo una letanía donde solo entendemos una palabra, Kim Il Sung. Imposible desconectar.

Estamos esperando a los demás compañeros, viendo barcas solitarias en el agua y gaviotas de cola negra, cuando a nuestro lado pasa un grupo de militares. ¿Por qué todos los militares norcoreanos, reales o pintados, tienen cara de enfadados? Será para aparentar más valor o lo que sea, pero estos también andan con el ceño fruncido, como si de esta manera fuese más importante su misión en esta vida. Cuando llega Kim, uno de los soldados intercambia unas palabras con él. Casi parece que estén discutiendo.

—¿Estaban enfadados, Kim?

—Nooo, son así. Los militares son todos un poco raros. Querían que os advirtiera que cuidado con las fotos, que no pueden aparecer en ninguna. A veces se ponen chulitos, por tener sensación de poder. Ya sabéis que no se pueden hacer fotos a los militares y, a estas alturas del viaje, yo confío en vosotros. Sé que no me vais a meter en ningún lío en ese sentido, así que tranquilos.

Y lo cierto es que no hicimos ninguna. Así que en este caso, Kim tenía razón. Ya en el autobús, retomamos la conversación.

—¿Alguna vez habéis tenido problemas con algún turista? ¿Problemas por una foto, por ejemplo?

—Uuuuh, muuuchas veces. Más de las que imaginas.

—¿Cómo que?

—Turistas que se creen que no les estas viendo y hacen las fotos sin pedir permiso o fotografían lugares en los que no está permitido entrar con cámara o se saltan alguna de las normas que con tanto esmero explicamos una y otra vez.

—Y en ese caso, ¿qué sucede?

—Depende. Si es una foto, se le puede quitar la tarjeta y borrar las fotos que no debía haber realizado. Si es con un carrete de fotos, se revela y se quitan las que puedan suponer un problema. Sobre todo con los militares, que son muy suyos.

—Se borra y ¿ya está?

—A veces el turista se queda uno o dos días encerrado en el hotel por seguridad. No queremos gente conflictiva en los grupos y si se ha saltado una norma se puede saltar otra. Pero si pide perdón y muestra su arrepentimiento, entonces no pasa nada.

—¿Y si reincide?

—Mira, te pondré un ejemplo claro, hace unos meses vino un checo bastante problemático. Se le decía que no hiciera una cosa y la hacía. Cada vez que explicábamos algo empezaba a decir que era mentira, se convirtió en un problema para los guías y para el resto del grupo. Hizo fotos en lugares no permitidos, después de asegurar que no lo haría. Era mala persona, un mentiroso, no queremos gente así.

—¿Y qué le pasó?

—Le devolvimos a su país antes de que terminara el viaje. Era lo mejor para el grupo. Solo llevaba dos días aquí y había pagado diez, pero, lo siento, él fue el primero en poner en riesgo a todos los demás. Así que al tercer día lo llevamos en un coche hasta el aeropuerto y de vuelta a Pekín. Lo que hiciese en Pekín ya no nos preocupa.

—¿Y eso lo habéis tenido que hacer a menudo?

—Más o menos. Por ejemplo, si alguien sale del hotel sin permiso y sin su guía es motivo de deportación en veinticuatro horas. Porque el turista firma una declaración jurada aceptando las normas que se les han facilitado, igual que vosotros y si fallan a su propio juramento no son bienvenidos aquí.

Así que van en serio. Por eso insistían tanto nuestros intermediarios en que nos guardásemos nuestra opinión, por nuestro bien. Y, sin embargo, algunos lo consiguen, no sin librarse de la bronca. Recuerdo a mi amigo Takashi, un japonés al que conocí en una de mis aventuras por el mundo. Yo en ese momento viajaba sola por Europa y aún ni me planteaba una posible visita a Corea del Norte, pero él acababa de visitar este país y me acompañó durante parte de mi viaje por Hungría contándome anécdotas de su experiencia norcoreana. Una de ellas es que quiso salir a toda costa del hotel sin sus guías. La única manera de hacerlo era levantándose muy temprano para poder regresar a la hora del desayuno como si no hubiera pasado nada. Así lo hizo, pero no cayó en la cuenta de que el hotel en el que se alojaba, el mismo en el que estamos nosotros, está construido en una pequeña isla en medio del río Dedong, y que no se puede llegar tan fácilmente a la ciudad. La isla solo tiene el hotel, así que no hay posibilidad de ver vida cotidiana. Intentó hablar con un barquero para que le llevara al otro lado, pero al final le pudo el miedo y regresó al hotel, consciente de que se había entretenido más de la cuenta. Y allí estaban, en la puerta, sus dos guías esperándole enfadadísimos por haberse saltado las normas. Takashi me contó que ya no se separaron de él ni un minuto. Además estuvieron los días siguientes de mal humor y ya no pudo pedirles nada que alterase sus planes. No le llegaron a expulsar del país, pero me contó que no le valió la pena el intento, puesto que no vio nada y su acción hizo que el resto del viaje fuese muy tenso. Sabiéndolo, Pau y yo ni lo intentamos.

En este penúltimo día del viaje, el grupo está bastante relajado. Cuando oímos algo que no nos convence, sabemos que intentar discutirlo solo trae problemas, así que, como mucho, cruzamos alguna sonrisa cómplice con algún compañero y poco más. Aunque en la siguiente parada, se nos escapa a todos una risotada general.

Estamos en una cooperativa de campesinos. Se supone que nos querían mostrar la vida agrícola de Corea del Norte, pero antes de pasear por los arrozales, tenemos que volver a oír un discurso alabando las increíbles bondades de Kim Il Sung ante otra de esas numerosas estatuas de bronce, donde, en este caso, Kim Il Sung aparece rodeado de aldeanos sonrientes que le miran con admiración, todos menos altos que el Eterno Presidente, por supuesto. Un amable campesino nos lleva a las salas donde el Amado Líder puso sus pies, la silla donde se sentó, la mesa donde escribió... cada elemento tratado como si fuese una auténtica reliquia por la que sentir devoción.

—Veréis —comienza a explicarnos el campesino—. Antiguamente esto era un terreno poco productivo. Había dieciséis campesinos y una vaca. Los frutos no germinaban, las plantaciones se inundaban, las cosechas nunca eran abundantes... La comida generada no llegaba para alimentar ni a los propios campesinos. Pero un día, vino nuestro amado Kim Il Sung. Y eso lo cambió todo. Él, con su inmensa bondad, estuvo conviviendo quince días con los campesinos, él les enseñó a trabajar mejor, puesto que sus conocimientos no tenían límite. A los quince días de convivencia, el campo empezó a florecer, las cosechas eran abundantes y, teniendo los mismos medios, dieciséis campesinos y una vaca, tras la visita de Kim Il Sung la cantidad de comida fue suficiente para abastecer a toda una ciudad —aquí es donde todos soltamos la carcajada—. Siempre gracias a nuestro amado Kim Il Sung. De no ser por él, esta tierra nunca hubiera sido fértil. Hoy en día trabajan más de mil campesinos en esta cooperativa y se producen sesenta millones de toneladas de alimento al año. De aquí sale la comida para todo el país.

—¿Sesenta millones de toneladas? —inquiere Jason con la lagrimilla en el ojo de la risa contenida— ¿No crees que es demasiado?

—No, no. La cifra está bien —acto seguido, consulta a unos compañeros que tiene detrás—. Perdón, no son sesenta millones, son seis mil toneladas al año. La cooperativa se queda con mil, y el resto se reparte.

—Vale, pongámonos serios —continúa Jason—. Entonces en la República Democrática Popular de Corea ¿no pertenece todo al estado?

—Habría que matizar esa expresión. Puesto que el pueblo es el dueño del país, la propiedad del estado pertenece al pueblo. Eso es lo más habitual en el sector industrial. En el caso de las cooperativas, se refieren a posesiones colectivas dentro de un marco limitado y protegido por la ley. En el sector agrícola es más popular la cooperativa.

—¿Y hay propiedad privada?

—Sí, se forma principalmente por la distribución socialista y los beneficios adicionales concedidos por el Estado y la sociedad. El Estado le brinda protección legal y garantiza el derecho de su herencia.

Los campos de arroz y soja son interrumpidos por consignas políticas en color rojo, para que destaquen sobre el verde predominante. *¡Que todas las ramas y unidades superen el nivel del año en que se registró el record de producción!*, *¡Construyamos el paraíso de felicidad bajo el cielo azul asegurado por el gran General Kim Jong Il en virtud del Songun!*

Un padre y su hijo pasean por unos campos. La imagen me parece tierna y trato de fotografiarles. En ese momento, el padre agarra a su hijo de la mano y se adentran en una zanja inundada que les cubre por completo. Espero, porque imagino que no pueden tardar mucho en salir. Las hojas se mueven. ¿Están andando sumergidos bajo el agua? ¿No van a salir? Kim me ve esperando con la cámara y me lo confirma.

—No van a salir hasta que te vayas.

—¿Cómo?

—Te han visto. Por eso se esconden. Se esconden del mal capitalista y de tu cámara de fotos. Mejor no tener ningún contacto, ni siquiera visual. En cuanto estén seguros de que ya no estás saldrán de nuevo al camino.

No puedo creerlo. En ese caso, me retiro antes de que mueran ahogados y guardo la cámara perpleja por su reacción.

El camino está lleno de cabras, niños, tractores y campesinos. En la arena, se dibujan unas curiosas huellas, pequeños agujeros en la tierra, del tamaño de una minúscula moneda y con la misma exactitud en la circunferencia. Pienso en animales que tengan una huella circular, no se me ocurre ninguno. La línea es un tanto irregular, con algunos agujeros más profundos que otros, aunque la distancia entre los pasos es constante. Dejo que mi mente viaje por mundos imaginarios, pensando en esas huellas hasta que descubro de dónde vienen. Son los tacones de Irina, que se clavan en el terreno en cada uno de sus pasos, provocando una forma de andar estrambótica, puesto que en cada paso tiene que hacer fuerza para desatascar el zapato. Y no solo eso. Sopla una ligera brisa que hace que su provocativa minifalda de volantes se levante con facilidad, así que Irina mantiene una mano agarrada en el brazo de Horacio, y con la otra sujeta su propia falda, mientras se sigue atascando en el suelo con sus afilados tacones, cada vez más llenos de tierra. Estilísticamente agotada, le solicita a Kang regresar al autobús y saltarse el resto de la visita. Es evidente que no puede andar con facilidad por este terreno. Kang decide quedarse con ella y con Horacio en el autobús, mientras los demás continuamos la visita por unos invernaderos.

Sabiendo que el invierno es frío, Jason no puede resistir la curiosidad.

—¿Y qué pasa cuando hace frío? ¿Qué plantáis en estos invernaderos?

—Generalmente lechugas.

—¿Lechugas? ¿A treinta bajo cero?

—Sí, lechugas. Ponemos estufas y lámparas de luz.

—Ya, y sin embargo en la ciudad no hay farolas. ¿Sabes? No me creo nada.

Jason y sus arranques de sinceridad. Conoce las normas a la perfección, pero no puede evitar hablar cuando la situación le supera. Claro que siempre trata de hacerlo cuando los guías están ocupados en otros menesteres.

Durante el camino de regreso hablamos de los diferentes acentos. Como en tantos otros países, en unas zonas el acento difiere bastante de otras. Kang nos cuenta que en el caso de la República Democrática Popular de Corea, cuanto más al norte, el acento es más cerrado. Los de la parte más cercana a Corea del Sur hablan con un acento más suave y más melodioso.

También hablamos de la televisión. Hay tres canales diferentes, todos gestionados por el gobierno. Uno es exclusivo de información, el otro de música y el tercero de películas y documentales. Desde el hotel tenemos televisión por satélite (solo para extranjeros) y podemos ver desde concursos de karaoke chinos hasta noticias internacionales. Pero algo me hace pensar que en las habitaciones donde duermen los guías no tienen esa opción. A veces pongo el canal de información norcoreano y el panorama es bastante desolador. Una mujer con voz agresiva habla a gritos sobre un fondo de carteles propagandísticos en los que invariablemente salen soldados matando a americanos o americanos torturando a norcoreanos, que no llegan a morir para poder vengarse. Todo muy explícito, con sus respectivas banderas identificando a unos y otros para que nadie se confunda.

En un momento, Kang extrae el micrófono de la parte delantera del autobús, y se dirige al grupo para explicarnos nuestra siguiente visita. El motivo oficial de nuestra visita a Corea del Norte. El mayor espectáculo del mundo.

10. El festival

—Lo que vamos a ver es el festival Arirang —comienza a relatarnos Kang en el autobús.— El nombre significa: ¡Oh, pobre Ri Rang!, y proviene de la trágica historia de amor entre un chico llamado Song Bok y su amada llamada Ri Rang. Cuenta la leyenda que la joven pareja de novios vivía feliz en una aldea norcoreana muy humilde. Ellos apenas tenían dinero para comer, así que un día Song Bok acudió a pedirle ayuda al más rico de la aldea para conseguir algo que llevarse a la boca, pero el hombre rico era muy avaricioso y se negó a ayudarles. A los pocos días, unos soldados enemigos arrasaron la aldea y los dos amantes tuvieron que esconderse en las montañas para sobrevivir. Cuando Song Bok vio su aldea destruida, quiso luchar por su tierra, le pidió a su amada Ri Rang que le esperase escondida en el bosque el tiempo que hiciera falta, y se alistó en el ejército dispuesto a vengarse de los que habían quemado su aldea. Los días pasaban y Ri Rang tenía dificultades para encontrar comida. Y entonces, el hombre rico que se había negado a ayudarles, vio a la joven pasando hambre y frío en la montaña y, prendado por su belleza, decidió ayudarla. Él quiso enamorarla, y empezó a agasajarla con piropos, pero Ri Rang tenía el corazón ocupado y respondió que siempre sería fiel a su amado Song Bok. Le contó su historia de amor y el hombre rico, enternecido ante un amor tan firme, decidió que esta vez sí que les ayudaría. Le propuso a Ri Rang trabajar para él para poder ganar algo de dinero, y le facilitaría también techo y comida en abundancia a cambio de ayudarle en las tareas del hogar. Cuando Song Bok volviese de la guerra, también le facilitaría un trabajo en las tierras que poseía, y de esta manera los dos amantes podrían vivir de nuevo su intenso amor sin dificultades. Ri Rang aceptó y se puso a cocinar para el hombre rico. Fue en ese momento cuando Song Bok volvió de la lucha, y pasó al lado de la cabaña del hombre rico. Ver a su amada Ri Rang cocinando para aquel que les había negado la ayuda fue un golpe tan duro que preso de la rabia, sin decirle nada a Ri Rang, entró sigilosamente en la casa y mató al hombre rico, antes de escaparse lejos para siempre. La joven volvió a quedar sola en el bosque, vagando, sin comida, y gritando constantemente el nombre de Song Bok, su querido amante que no regresaba. El eco desgarrador de sus gritos llegó a oídos de Song Bok y le hizo reflexionar. Se dio cuenta de que había cometido un error, se había precipitado y decidió volver a la montaña para recuperar a su fiel amada. Pero la encontró muerta. Ella misma se había clavado un cuchillo por no poder estar con su amado. Y por eso la gente, al conocer la historia, no dejaba de decir ¡oh, Ri Rang! ¡Pobre Ri Rang! Esta leyenda es la que veremos reflejada esta noche, junto a la historia de Corea plasmada en los diferentes números de baile. Espero que disfrutéis del espectáculo. Es en honor a nuestro Amado Líder Kim Il Sung. De verdad que vale la pena.

Y lo cierto es que jamás he visto un espectáculo igual. No hay olimpiadas, ni discursos presidenciales, ni encuentros políticos, ni exposiciones universales, ni carnavales, ni espectáculos circenses a bombo y platillo que se le parezcan. Tampoco hay fotos ni videos que sean capaces de reflejarlo fielmente, verlo y oírlo en persona es algo indescriptible, algo capaz de dejar boquiabierto al más escéptico.

Ya en los alrededores del estadio se observa el ir y venir de la gente, los artistas, los turistas, el público... Hay una fuente hermosísima que juega con el ritmo del agua y los colores al compás de la música. El estadio está iluminado por fuera, tiene 207.000 metros cuadrados y una capacidad para ciento cincuenta mil personas. Es el estadio más grande del mundo. Desde el aire, parece un paracaídas o una magnolia con los pétalos medio abiertos. Es sorprendentemente bonito.

Oigo unos impactantes gritos de coordinación por parte de los artistas. Algo así como «¡un, dos, tres, media vuelta!», o algún tipo de indicación similar. Impresiona. A veces todos —y son más de cien mil— dan un golpe con el pie a la vez, y se me ponen los pelos de punta con el estruendo. Buscamos nuestros asientos con el espectáculo en marcha. Hay decenas de miles de bailarines uniformados que plasman la historia de Corea y la leyenda de los jóvenes amantes que nos contaba Kang, a través de movimientos, acrobacias y saltos en masa, tapizando el césped del estadio con elaborados dibujos humanos y respaldado por una enorme pantalla que ocupa la tercera parte del graderío. Pero no es una pantalla cualquiera, es, en realidad, una pantalla formada por veinte mil norcoreanos que sujetan grandes cartulinas de colores a modo de píxeles, y que van cambiando con una coordinación extrema, para formar mosaicos con el fondo más adecuado a cada escena. Mirar esa pantalla humana es hipnotizante.

En los laterales del campo, miles de norcoreanos vestidos completamente de blanco y con unas alargadas banderas verticales de color azul, delimitan la zona del espectáculo y sirven como punto de referencia para los artistas que esperan su turno fuera de pista, y que también se cuentan por miles. Llegamos a nuestros asientos. Kang se ha sentado detrás de mí, y de vez en cuando se acerca para traducirme alguna consigna o para decirme que lo que va a salir a continuación me va a gustar. El estadio está lleno de bailarinas vestidas de amarillo, verde y rosa, mientras en la pantalla de píxeles humanos se ve una puesta de sol escondida en un paisaje rocoso. Las cartulinas de colores van cambiando, y el sol se va levantando segundo a segundo, como si fuera un vídeo, y se transforma en una frase escrita en coreano: *¡Marquemos los latidos del corazón y ajustemos el paso de avance con la marcha forzada que emprendió Kim Il Sung, patriota sin par!* Las bailarinas de rosa se mueven en una dirección, las de verde en otra y las de amarillo en otra, formando vistosos dibujos en el césped. La pantalla se transforma en el skyline de Pyongyang subrayado por un slogan coreano. *¡Abramos la «era de prosperidad de Pyongyang» de la época del Songun creando la nueva velocidad de Pyongyang en la construcción de la capital!* La época del *Songun* es la derivada del lema «El ejército primero», que antepone las cuestiones militares sobre cualquier otro aspecto del país, y que puso en marcha Kim Jong Il a finales de los años noventa. Mientras unos pañuelos gigantes de varios colores se lanzan al aire y caen como si fueran paracaídas. Las bailarinas se agrupan por colores, ahora en círculos, ahora en líneas serpenteantes. Es espectacular. Ahora los que están en el césped deslizan unos pañuelos azules que al moverlos imitan las olas del mar. La pantalla es una nueva puesta de sol y, mientras avanzan los rayos píxel a píxel, los pañuelos que forman el mar cambian el azul por el rojo, y me parece estar frente a una postal del tamaño de un estadio. Desaparecen los pañuelos y aparecen las bailarinas disfrazadas de flores de loto, dos movimientos y se transforman en la bandera del país. Es el momento de los militares, desfilan y tocan la trompeta con la pantalla humana dibujando un revólver, sí, hay una constante apología de las armas: *¡Logremos en el nivel más alto el armamento de todo el pueblo, la fortificación de todo el país!* Y llega el delirio colectivo. El revolver se transforma en ¡el rostro de Kim Il Sung! La evidencia asusta. Es el retrato oficial, el rostro sonriente que está en todas partes. El estadio grita con más fuerza, los norcoreanos aplauden, el mosaico del rostro del presidente está mejor hecho que cualquier otro dibujo, sin separaciones entre cartulina y cartulina. Visto desde lejos, cuesta imaginar que haya veinte mil personas debajo formando la imagen. Impacta la precisión.

Tras la aparición del omnipresente retrato, llega el bloque infantil. Varios niños realizan acrobacias con monociclo, saltan a la comba individualmente dentro de una cuádruple cuerda que agrupa a varios bailarines y los dibujos de la pantalla muestran niños jugando, cerditos que tocan música o polluelos que salen del cascarón, con el diseño y el colorido característico de los dibujos animados orientales. Los niños se mueven por el césped formando dibujos aéreos, se esparcen y se contraen. No falla nada. ¿Nada?

Una niña llega tarde para formar el cuadrado perfecto. Todos sus compañeros han llegado exactamente al mismo tiempo, ella no. Algo ha hecho que tarde varios segundos más que los demás y corre solitaria por un césped que parece interminable. Es la única nota disonante del espectáculo y, a mis ojos, la más tierna. Varias personas del público la están señalando. La niña sigue sonriendo, estoy lejos para adivinar sus ojos pero no quiero pensar en lo que pasa por su mente. ¿Miedo por haberse equivocado? ¿Rabia por no poder hacer nada? ¿Ganas de irse a casa lo antes posible? Cuando alcanza el cuadrado, todos continúan como si no hubiese sucedido nada.

Vuelven los humanos robotizados, perfectos, esta vez para hablar de la industria, píxeles formando imágenes de trenes y consignas varias mientras en el césped se forma una torre humana de cinco alturas, ¡cinco! Puede recordar a los castellers catalanes, pero a diferencia de éstos, aquí el niño que sube al quinto nivel no solo se mantiene en pie, sino que realiza varias acrobacias sujetándose solo con una mano, haciendo el pino y dando volteretas para caer de nuevo con una sola mano sobre los hombros de los del cuarto nivel. Es increíble. En el sentido más estricto de la palabra: difícil de creer.

Entran en escena los deportistas, vestidos con el traje de taekwondo, el deporte nacional de Corea del Norte. Saltan por los aires realizando patadas imposibles, podrían ser los actores de *Matrix* sin efectos especiales. Cuando llegan al suelo, una bandera gigante de la DPRK que ocupa casi todo el césped y que sujetan los deportistas, avanza por encima de todos ellos haciendo un barrido por el estadio. Cuando la bandera desaparece, lo que hay debajo es un mapa de las dos Coreas formado por personas. El Norte y el Sur se funden en un abrazo de color blanco.

Ahora todo es negro. Un cañón de luz ilumina las acrobacias de dos trapecistas en lo alto del estadio. En pleno salto, uno de ellos intenta agarrarse a su compañero y no lo consigue. Cae al vacío. Se oye un grito ahogado. Como acto reflejo los turistas nos hemos llevado las manos a la boca, tratando de contener la respiración. ¿Qué ha pasado? ¿Se ha caído? ¿Dónde está? ¿Por qué nadie dice nada? Las luces vuelven a iluminar el estadio, y aparece el trapecista sonriente levantando los brazos sobre una red. Estaba todo preparado. La caída al vacío es parte del espectáculo, una forma de sobrecoger al público colocando a oscuras una red con rapidez asombrosa en cuanto se apagan las luces del estadio.

Continúan los hombres bala, bailes con cintas en pasmosa concordancia, la relación con China, reflejada en un espectáculo con dragones y bailarines que ondean la bandera de su único país amigo, y el momento de la apoteosis final llega con una esfera gigante del planeta Tierra y todos, ¡todos!, los participantes en escena. Un ejercicio de sincronización desmesurado. Si ya es difícil coordinar milimétricamente a cuatro o cinco personas, hacerlo con ciento veinte mil es una obra maestra descomunal.

Pienso en las horas y horas de ensayos a las que serán sometidos los bailarines. Kim me cuenta que los artistas son elegidos por el gobierno. Observan si una persona tiene talento desde su infancia y, los que destacan, pasan a formar parte del espectáculo en honor al Amado Líder. ¿Les gustará a los bailarines representar el Arirang tres meses seguidos?

¿Será un honor o un sacrificio? Cualquier deportista de élite vive unas condiciones de entrenamiento duras y estrictas pero, salvo excepciones, suele ser por decisión propia. En este caso, si de niño da la casualidad de que se manifiesta una habilidad concreta, realizará esa actividad toda la vida. Si un niño corre mucho, será atleta o gimnasta o policía o algo que potencie el talento que ha demostrado.

El festival me deja impresionada y pensativa en mi asiento. Hace que me acuerde de las obras más impactantes del hombre, la muralla china, las pirámides de Egipto, obras humanas inmensas, maravillosas y sorprendentes, hechas con sudor, sangre y muerte de esclavos. Y, a pesar de saber que el proceso no es limpio en ningún caso, no puedo evitar emocionarme al verlas. Me pasa lo mismo con este festival. El mayor espectáculo del mundo, ejecutado por obligación.

Kang y Kim me sacan de mi ensimismamiento.

—¡Vamos, vamos, el autobús nos espera! No perdáis tiempo. ¡Vamos, vamos!

Me falta algo, el aplauso final, la reverencia, las luces, algo que me indique que se acaba el show, pero el público del estadio se levanta en un momento concreto, mientras los bailarines siguen haciendo piruetas. Qué raro es todo.

La salida está cuidadosamente organizada. Nada del alboroto ibérico que se produce en cualquier evento masivo. Aquí cada uno sabe dónde tiene que ir y de qué modo hacerlo para no molestar a nadie.

—Qué bonito, ¿verdad? —pregunta Kang— Nuestros números acrobáticos provocan profunda admiración en festivales internacionales.

—No, si no me extraña, pero, ¿participa la República Democrática Popular de Corea en muchos festivales internacionales?

—¡Claro!

11. La última noche

Es nuestra última noche en Pyongyang, mañana por la mañana regresaremos a Pekín y por eso nos han preparado una cena especial de despedida en un restaurante fuera del hotel.

—Y bien —pregunta Marina antes de comenzar a cenar—. ¿Hemos sido unos buenos turistas? Comparado con otros, me refiero.

—Sí, sí, habéis sido un grupo genial —responde Kang—. Aquí vienen unos diez mil turistas al año, de los cuales más de la mitad son chinos, y los chinos son bastante ruidosos en general. Cuando comen, cuando hablan... gritan y resultan muy molestos. Los guías siempre lo comentamos.

—¿Vienen muchos españoles? —pregunta Pau.

—No demasiados, unos veinte al año. Al menos en mi empresa. Yo prefiero trabajar con ingleses, suelen ser muy educados. Y con vosotros he estado muy a gusto, lo confirmo. Mucho mejor que con cualquier grupo de chinos, que es lo habitual.

—Un honor que digas eso teniendo en cuenta vuestro odio a los americanos y contando conmigo en el grupo —agradece Jason—. Con todo lo que había leído, no sabía qué recibimiento iba a tener. Me esperaba cualquier cosa.

—Bueno, es que una cosa son los gobiernos y otra las personas —añade Sebastien—. Eso pasa en todo el mundo. Por ejemplo, Kang, puede que odies al presidente de Estados Unidos, no serías la única, pero a Jason... estoy seguro de que a Jason no le odias, ¿no es así?

Kang hace un gesto con la boca un tanto ambiguo y permanece callada.

—Oye ¡que no respondes! —ríe Jason— ¿Eso es que me odias?

—Permiso, tengo que ir al baño.

—¡Que no has respondido!

Y no lo hace. Nos lo tomamos a broma, incluido Jason, pero la verdad es que el gesto de agachar la mirada, beber su consumición y levantarse de la mesa sin dar la respuesta nos deja pensativos. Si no responde, ¿será porque es incapaz de decir que no le odia? ¿Entonces le odia?

—Me lo voy a tomar con humor porque sé dónde estoy —dice Jason mientras Kang sigue en el baño—. Sé a dónde venía y sé cómo funciona este país, aunque me cueste ponerme en su lugar.

—¿Te sentías muy incómodo con tanto antiamericanismo por todas partes? —le interroga Marina.

—No más de lo que imaginaba. Sí, a veces es un poco violento que te digan que los americanos tenemos la culpa de todo mientras te clavan la mirada, como haciéndote sentir responsable, pero, como digo, ya sabía dónde me metía. Y bueno, yo tampoco creo que mi país sea el mejor del mundo, soy el primero en criticar las cosas que no me gustan de unos y de otros.

—¿En algún momento te planteaste que ibas a correr con más desventajas que el resto?

—Lo cierto es que en ese sentido han mejorado bastante las relaciones con los turistas americanos. Yo hace tiempo que deseaba visitar Corea del Norte, pero hasta hace unos años solo se concedía un visado de tres días. Y el precio del viaje era el mismo que los que obtenían un visado de diez días. El americano tenía que pagar lo mismo y marcharse al tercer día. Además, era obligatorio ir o bien solo, o exclusivamente con otros americanos. No se podía viajar con turistas de otros países. Para no contagiar nuestra enfermedad imperialista, supongo. En eso han mejorado.

—¿Queda alguna restricción que se mantenga solo para los americanos?

—Por ejemplo, la imposibilidad de volver en tren. Yo quería hacerlo, quería regresar a Pekín en tren para ver un poco más la vida real sin guías, tal y como había leído en Internet, pero eso no es posible. El único motivo es que soy americano y eso me obliga a volver en avión, quiera o no quiera. Los turistas de cualquier otra nacionalidad pueden elegir si prefieren el tren o el avión.

De hecho, Pau y yo escogimos el tren por el mismo motivo.

Cuando Kang regresa, se sienta junto a los otros dos Kim, chófer y guía, en la mesa cercana. Nos dedica una sonrisa, extrae su teléfono móvil e inicia una conversación en coreano. No creo que sea buena idea retomar el tema. Así que seguimos hablando de cosas menos polémicas hasta que regresamos al hotel. Pero es la última noche y todos queremos alargar un poco más la despedida. En la ronda de cervezas, Kang se retira a dormir y Kim, cómo no, se queda con nosotros.

Sebastien y Marina hacen buena pareja. Desde donde yo estoy lo veo claro. Los dos son tan ingenuos como para preguntarle a Kim si sabe por qué hay tantos coreanos en la zona sur de Alemania. O como para enseñarle una camiseta que pone *Made in Korea* y estallar de entusiasmo diciendo que entonces el país no está bloqueado comercialmente, que ellos mismos han podido comprar productos coreanos en sus respectivos países. No me explico cómo aún no han comprendido que los coreanos que van a Alemania y los que exportan camisetas son los que viven en Corea del Sur, pero Kim esta curado de espanto y a todo responde con una sonrisa y un trago de licor local, lo que me hace pensar en que se va a volver a emborrachar.

En medio de las cervezas, Horacio saca un pañuelo de papel y comienza a sonarse. Kim, de repente, se parte de risa. Y no deja de señalarle.

—Pero, ¿qué haces? ¿No te estás muriendo de vergüenza ahora mismo?
—¿Yo? ¿Por qué tendría que hacerlo?
—Te has sonado delante de tooodos.
—¿Eso me debe dar vergüenza?
—Bueeeno, ¿no es de mala educación?
—Que yo sepa, no. Lo he hecho con un pañuelo. ¿Qué tiene de malo?
—Siempre me sorprendo con los turistas, sois muy extraños —continúa entre risas.

Al parecer sonarse está tan mal visto en Corea como en China, donde se considera algo escandaloso, equiparable a lo que en España implicaría lanzar alguna ventosidad. Sin embargo, esto último para ellos no supone ningún problema y se considera algo natural. Todo depende de donde hayas nacido para aceptar con naturalidad o no las diferentes costumbres humanas.

—¿Y has conocido a muchos extranjeros? —le pregunta Jason.
—Los suficientes para saber que casi todos estáis locos y hacéis cosas muy raras.

Nuestros compañeros se van despidiendo paulatinamente. A todos les acaba venciendo el sueño, pero Pau y yo estamos animados. Es nuestra última noche en Corea del Norte y Kim está contento. Al final, nos quedamos los tres solos en el bar del hotel realizando una especie de competición de refranes populares. Kim dice un refrán popular coreano y nosotros le respondemos con el primero que se nos ocurre en español.

—Más vale ver una vez que oír cien veces —comienza Kim.
—Ajá, ése es como el de una imagen vale más que mil palabras. Ahí va uno nuestro: Dame pan y dime tonto.
—Hay diamantes también en el desierto —replica Kim.

—A dios rogando y con el mazo dando —es nuestro turno.
—Marcha empezada, gran trecho recorrido.
—Dime con quién andas y te diré quién eres.
—El comercio del agua jamás conoce ruina.
—En casa del herrero, cuchara de palo.
—Con la primera cucharada no se puede saciar.
—Más vale pájaro en mano que ciento volando...

Nos reímos encontrando las similitudes entre unos y otros y los momentos en los que deben utilizarse. Kim aprovecha para ponerle más humor a la noche. La conversación deriva en chistes. Está borracho, no hay duda:

—Escuchad, ahí va uno muy bueno. Dos tipos se encuentran por la calle y se saludan. Uno le dice a otro: «¿Te has enterado? Han puesto una central eléctrica en Hamheung-si.

»Pues acabo de pasar por allí y no hay rastro de nada parecido a una central.

»Y en Kimjongsuk-Gun han inaugurado una fábrica de productos químicos.

»¿En serio? Pasé hace menos de una semana por allí y no había ninguna fábrica en toda la zona.

»Camarada, ¡deja de salir a la calle y lee de una vez nuestros periódicos!»

No salimos de nuestro asombro. ¡Chistes políticos norcoreanos! Kim sigue bebiendo alcohol y los chistes siguen fluyendo.

—¡Otro, otro! Este os va a encantar, ya veréis: «Un pesquero norcoreano se pierde en el océano en medio de una tempestad. Todos en el barco creen que van a morir, pero el radiotelegrafista les dice que no teman, que pronto llegará una lancha de policía para rescatarles. Los tipos del barco preguntan por qué está tan seguro de que la policía va a correr el riesgo de salir a la mar con semejante temporal por un simple barco pesquero. "Muy sencillo", les responde el radiotelegrafista, "cuando mandé el SOS, al final añadí: Kim Jong Il hijo de puta. Así seguro que la policía viene por nosotros."

Pau y yo nos miramos de soslayo sin saber si reírnos a pierna suelta o contenernos un poco más. ¿Es lícito que nos riamos de este chiste? ¿Aquí?

—Pero Kim... estos chistes... ¡son muy fuertes! —indica Pau—. No es que no nos hagan gracia, es que nos puede el asombro. ¿Me quieres decir que esto lo puedes contar abiertamente y no te pasa nada? ¿Estos chistes circulan en el día a día norcoreano? ¿Se los podrías contar a un militar?

—Bueno, a ver, que yo esto os los cuento a vosotros porque sois extranjeros.

—Y porque vas borracho.

—Sí, también. A mí me los contaron en Cuba. Y yo aquí no se los he contado a nadie. A nadie. Y a un militar ni loco. Pero la verdad es que me parto de risa cuando los recuerdo. ¿Queréis uno más?

—¡Venga!

«Esto es una reunión entre Kim Jong Il y Vladimir Putin. Están en una oficina situada en lo alto de un rascacielos discutiendo sobre la lealtad extrema de sus guardias. Putin llama a su guardia ruso, abre la ventana y le dice: "Iván, debes saltar por aquí". El guardia responde llorando: "Lo haré si me lo pide pero, ¿por qué me hace esto? Tengo una esposa y dos hijos". Putin le dice que solo era una prueba y le deja que se vaya. Entonces Kim Jong Il hace lo mismo con su guardia norcoreano. Le llama, abre la ventana y le ordena que salte. El guardia no dice nada, toma carrerilla y se dirige a toda prisa hacia la ventana. Sorprendido, Putin le agarra y le dice: "¡No lo hagas! ¡Morirás si saltas!". El guardia norcoreano se intenta deshacer de Putin y le responde: "¡Lo sé! ¡Pero es que tengo una esposa y dos hijos!".»

Brindamos con licor de arroz por nuestra última noche

juntos, por los chistes, por los momentos de inusitada sinceridad y por el buen ambiente que hemos tenido durante todo el viaje con Kim. Lo cierto es que sus conversaciones siempre nos dejan perlas dignas de reflexión. El contrabando de comida, el desconocimiento de las religiones, las películas americanas, la falta de amor por su mujer, su experiencia en Cuba... Seguiríamos muy a gusto de no ser por la hora. Es el momento de retirarnos. Estamos agotados, pero ha valido la pena el rato de las cervezas. Kim, esta vez cansado, se sube en el ascensor con nosotros y marca el piso número siete. Es curioso, porque Kang nos dijo que tanto Kim como ella se alojaban en la planta veintiocho. De hecho cuando Kang ha coincidido con nosotros en el ascensor, es el número que ha marcado en todas las ocasiones.

—¿Por qué marcas el siete?—le pregunta Pau.

—Porque es donde estoy alojado.

—Estás en el veintiocho. No hace falta que disimules. Nos lo ha dicho Kang.

Kim se queda perplejo. No sé por qué es capaz de contarnos todo lo que nos cuenta y mentirnos en el número de piso.

—A lo mejor la que disimula es Kang —responde distraídamente.

Toma ya. Esta respuesta sí que no la esperábamos. ¿Qué necesidad tiene de disimular ninguno de los dos? Si tampoco vamos a ir a su planta en ningún momento.

—Bueno... yo tengo que parar en el séptimo. Y, por cierto, Pau, ¿recuerdas lo que te comenté sobre que tú estuvieras una noche con mi mujer? Lo hablamos hace unos días, ¿lo recuerdas? Pues esta es tu última oportunidad. Una llamada y toda tuya. Te la cambio por una noche con tu novia ¿hace?

—Ni por casualidad Kim. Vaya despedida extraña que nos brindas. ¡Que descanses, loco!

En el fondo, muy, muy, muy en el fondo, la situación incluso me parece morbosa. ¿Cómo sería estar con un norcoreano en plan íntimo? Eso sí que hubiera sido un viaje fuera de lo común a Corea del Norte.

12. El regreso

Comienza el final. Nuestro último día en tierras norcoreanas. Hoy madrugamos más que el resto de compañeros porque Pau y yo somos los únicos que volvemos en tren. Cuando salimos del hotel a solas con Kang, apenas ha amanecido. El resto del grupo saldrá un poco más tarde e irá directo al aeropuerto, lo cual impide que nos podamos despedir.

El tren que nos recoge es un larguísimo convoy verde con dos vagones blancos. Ésos son los reservados a extranjeros, y los únicos que traspasan la frontera con China.

Queríamos volver en tren porque, como explicaba Jason, nos parecía una forma de ver Corea sin la presencia constante de los guías, aunque fuese a través de otro cristal. Había leído acerca de las numerosas restricciones para extranjeros que ofrecía este tren, tal y como contaban viajeros anteriores, pero constato que las condiciones han mejorado notablemente. En todos los casos que había leído, los viajeros que decidían volver en tren lo hacían completamente aislados en dos vagones exclusivos para extranjeros y sin posibilidad alguna de pasar a los otros. Pero, aunque estamos en los dos vagones blancos, no viajamos solo extranjeros. En nuestro caso, compartimos cabina con dos norcoreanos muy simpáticos que no paran de reírse entre ellos. Tenemos un departamento con cuatro camas divididas en dos literas y nuestros compañeros de viaje tratan de iniciar una conversación un poco insulsa debido a la barrera del idioma. Solo conseguimos saber que se llaman Lee y Choi y poco más. No solo comparten su comida con nosotros, sino que nos hacen partícipes de sus bromas, aunque no entendamos nada, y nos acompañan a la parte norcoreana del tren para ayudarnos a entendernos con la mujer que lleva el restaurante. Aunque su intención es muy agradecida, la ayuda se convierte en una tarea imposible porque Lee y Choi se empeñan en hacernos de intérprete con una dificultad añadida: No hablan una palabra de inglés. Así que todo lo que intentamos decir con gestos, luego se lo intentan traducir a la cocinera, que al fin y al cabo ha visto los mismos gestos que ellos, y acaban discutiendo para intentar adivinar qué hemos querido preguntar.

Lo que tratábamos de averiguar era si, puesto que el viaje dura unas veinticuatro horas, podríamos comer algo. Pero las mesas del vagón—restaurante estaban a rebosar, no había un solo hueco y queríamos preguntar si nos podíamos llevar el plato de comida a nuestro vagón y traerlo luego. Ahora trata de explicar eso con las manos. Y el resultado son voces en coreano, eligiendo unos platos que ni hemos señalado. La mujer que cocina comida casera en el tren nos ofrece una especie de torta de judías verdes que pagamos con dinero chino y nos comemos de pie, rodeados de miradas curiosas porque allí, sí, somos los únicos turistas del vagón y nos miran sin disimulo alguno, de arriba a abajo. De abajo a arriba. Constantemente. Esto demuestra que podemos mezclarnos con los viajeros locales, algo que al parecer antes estaba restringido. Es lo que hacemos.

Pasamos de vagón en vagón sin problema. No hay literas como las que tenemos nosotros, sino asientos duros, de madera, muchos y apretados. Y abarrotados. Hay mucha más gente que asientos disponibles. Y de nuevo diferencias. Clases sociales. Los ricos se pueden permitir viajar en los vagones blancos. Los demás, en los verdes.

Mientras tanto, por la ventanilla se asoman campos de arroz, consignas en color rojo, espantapájaros, vacas y cerdos, maizales y carros de bueyes, grupos de hombres que saludan al tren cuando pasa. Niños que se acercan a las ventanillas del tren a mirarnos desde el andén en alguna de las paradas y que se parten de risa cuando les hacemos algún juego infantil, como hacer ver que yo me separo el pulgar en dos partes o que Pau me roba la nariz, sacando la punta del pulgar entre los dedos índice y corazón mientras yo me tapo la cara con las manos. Volvemos a sentirnos sorprendentemente libres. Las estaciones en las que vamos parando muestran una Corea pobre, parecida a algunos lugares perdidos de la estepa rusa. Gente sobrecargada llena de bolsas a la espalda, niñas corriendo, estaciones llenas de gente y otras semivacías, todas viejas.

En el pasillo, apoyados en la ventanilla, conocemos a Pak, otro norcoreano que viaja en el vagón blanco y que, éste sí, sabe inglés. Él nos traduce algunas de las frases que seguimos leyendo en las consignas ancladas al paisaje: *¡Hagan que el mundo admire al gran partido y a la Corea de Kim Il Sung!*, *¡Defendamos con firmeza las hazañas del gran camarada Kim Jong Il!* Pak no aparenta en absoluto los cuarenta y ocho años que tiene. De hecho estábamos convencidos de que era un treintañero. Tiene la cara tan delgada que se le adivina el hueso y sus ojos son irremediablemente pequeños. Al reírse, nos muestra una graciosa hilera de dientes separados y nos explica que viaja hasta la frontera por trabajo.

—Pero, ¿vas a llegar hasta China?

—No, yo me quedo en la frontera —nos cuenta Pak—. Allí tengo una reunión. Los norcoreanos ni nos planteamos cruzar la línea, es algo que solo lo hacen algunos y en ocasiones en las que es absolutamente imprescindible, como altos cargos políticos que se reúnen con diplomáticos en el extranjero, embajadores, deportistas... Pero el resto, ¿para qué? Aquí tenemos todo lo que necesitamos. Además, viajar es un tanto pesado, hay que rellenar mil papeles antes de desplazarse a cualquier sitio. Dichosa burocracia.

—¿Papeles para poder viajar?

—Sí, todos los que estamos aquí hemos tenido que rellenar una solicitud para obtener el permiso de viaje. Es obligatorio, es como nuestro pasaporte interno. Si no lo tienes es como si no tuvieras billete, no puedes subir al tren. La solicitud se debe realizar al menos con dos semanas de antelación y hay que responder un sinfín de preguntas. Cuestión de seguridad, ya sabéis.

—¿Y qué sucede si surge un viaje imprevisto, que no se puede planificar con quince días?

—Bueno, siempre hay casos excepcionales. Pero para hacer las cosas más fáciles, algo de tabaco, alcohol o dinero siempre ayuda.

—¿Soborno?

—¡Shhhhht! ¡No lo digáis tan alto! O acabaré metido en un lío.

Pak entra en nuestro compartimento en el tren y saluda a nuestros compañeros Lee y Choi. Ahora que tenemos un intérprete podemos hablar por fin con los simpáticos norcoreanos que tanto nos han intentado ayudar a la hora de la comida. Charlamos relajadamente y les pregunto por los hijos de Kim Jong Il. De nuevo, el silencio por respuesta. O no saben nada, o prefieren no saberlo. Les hablo de los hijos oficiales que tiene según la prensa occidental y me miran con indiferencia. Ni se sorprenden ni emiten ningún gesto que yo pueda apreciar. ¿Son tres? Ah, pues perfecto. ¿Cuatro? Bien también. No, oficialmente no sabemos nada. ¿El sucesor? Sea o no sea hijo de Kim Jong Il, si lo elige él, será una buena elección. Él solo quiere lo mejor para nosotros. Siempre es lo mismo.

En Sinuiju, la frontera, se vacía el vagón de norcoreanos. Lee, Choi y Pak se quedan aquí y el convoy verde también. Nuestros dos vagones se van a enganchar en otro tren, que es el que nos llevará hasta Pekín. El parón para el cambio de país dura cuatro horas. Dos antes de cruzar la frontera para revisar el equipaje de todos, pieza por pieza, y otras dos nada más cruzarla. Los policías entran en nuestra cabina y supervisan por encima lo que llevamos Pau y yo. Simplemente comprueban que nuestros móviles estén precintados, nos quitan la hoja grapada que ha hecho la función de pasaporte interno y poco más. Con los norcoreanos es más lento. Los policías nos piden que esperemos fuera mientras les interrogan. Todo, absolutamente todo lo que llevaban está esparcido por los asientos-litera, la mesa y el suelo de la cabina. Cuando terminan, los viajeros se despiden aparentemente contentos, tanto de los policías como de nosotros. Estos se supone que son sus controles rutinarios.

El tren avanza unos metros, cruzando el río Yalu que separa ambos países por un puente de hierro, el puente de la amistad chinocoreana, que une Sinuiju, en Corea del Norte, con Dandong, ya en China. Allí pasamos dos horas más, en donde podemos salir solo al andén. Ni siquiera podemos entrar en el edificio de la estación, donde hay cientos de personas que esperan a que se abran las puertas para subirse a nuestro tren.

Lo primero que percibimos cuando llegamos a China es que no hay consignas. Los carteles con el rostro del Eterno Presidente se sustituyen por anuncios de ofertas, de coches, de productos de consumo y las consignas en honor al líder son ahora incitaciones a comprar, a usar, a gastar. Se empiezan a ver más coches por las calles, y semáforos.

Pau y yo nos hemos quedado completamente solos en nuestro vagón. Y ahora sí, qué extraño, estamos encerrados. No podemos acceder al resto del tren, porque un vigilante chino nos lo impide. Así que nos quedamos recostados en los asientos-cama, abrazados, rememorando la mayor aventura viajera que hemos vivido juntos. Es imposible no salir de un viaje tan intenso con la mente llena de preguntas. La adoración absoluta a un líder, la manipulación occidental y la norcoreana, las verdades a medias por ambas partes, los prejuicios adquiridos, la utopía, la supervivencia.

Me quedo con esos destellos de sinceridad que asomaba Kim durante sus sesiones de alcohol, y con la despedida de Kang, hace veinticuatro horas, cuando nos ha acompañado a la estación de tren.

—Hasta aquí el viaje. Espero que hayáis estado a gusto.

—Gracias por todo, Kang —no puedo decirle que le escribiremos porque no hay posibilidad alguna de hacerlo.

—Recordad que no podéis desprecintar el teléfono móvil hasta que estéis en China. Si el revisor norcoreano lo ve manipulado, puede que os retengan en la frontera. Y tomad, vuestros pasaportes. ¿Puedo haceros una pregunta?

—Claro.

—Casi todos los pasaportes que pasan por mis manos están llenos de sellos de muchísimos lugares. Parece que la gente viaja mucho. En los vuestros también he visto que habíais estado en varios países. ¿Es lo normal?

—Depende de cada persona, Kang. Hay gente que no ha salido en la vida de su pequeña aldea y otros no han parado de dar vueltas. Supongo que entre los visitantes que llegan a Corea del Norte sí que es normal haber pasado antes por muchos otros lugares. Es un destino muy particular, con unas normas que no todo el mundo acepta, así que eso lo convierte en un lugar poco convencional para irse de vacaciones. Sería muy raro que el primer viaje al extranjero de cualquier persona, excepto de los chinos por cercanía, fuese a este extraño país.

—Ya... ¿Y vosotros? ¿Viajáis cada año?

—Si nos coinciden las vacaciones sí, al menos lo intentamos.

—A mí también me gustaría viajar más por el extranjero, pero ya sabéis... para bien o para mal, he nacido aquí, y no puedo salir. Sé que el mundo no es tan horrible fuera de Corea del Norte como me contaban de pequeña.

—¿Te contaban que el mundo era horrible?

—Sí, en las clases repetían frases diariamente resaltando la suerte que tenemos de haber nacido en una tierra como Corea del Norte. Y repetíamos de memoria textos donde se habla del resto del mundo, de las calles sucias, los mendigos y la delincuencia, que aquí no tenemos. En el resto del mundo no hay un protector como Kim Il Sung velando por el pueblo. Pero, a veces los extranjeros me cuentan cosas rarísimas que no me creo y seguro que a ellos les pasa lo mismo conmigo, así que igual no somos tan distintos. En fin, buena suerte en todo lo que hagáis. Me ha encantado compartir estos días con vosotros. Y me habéis hecho replantearme muchas cosas. Ahora pienso de otra manera.

—Kang, no sabemos como agradecerte tu tiempo y especialmente estas palabras. Toma, acepta estos pequeños detalles de nuestra parte.

Aparte de algunos alimentos típicos que habíamos traído para los guías, le regalamos un par de linternas de dinamo, de ésas que no necesitan pilas ni batería ni nada parecido. Solo una manivela que acumula energía al darle vueltas. Siempre me han resultado muy útiles en los viajes por lugares en donde no hay electricidad. La reacción de Kang me vuelve a sorprender. Sus labios tiemblan suavemente. Baja la mirada y una lágrima rueda mejilla abajo hasta que es absorbida bruscamente por un pañuelo de tela. No es Kang, es una norcoreana sensible, por primera vez, que se emociona ante la luz. Sin palabras.

—Me ha hecho pensar en mis padres —se disculpa—. Así podré ir a verlos a su pueblo, donde no hay alumbrado público. En Pyongyang tenemos luz varias horas al día, según las zonas, pero donde viven mis padres no. Solo hay luz natural. Y pienso que este regalo les va a hacer muy felices. Muchísimas gracias, de corazón.

—Nos alegra mucho que te sea útil. De verdad.

—¡Ah! Y una cosa más. Antes de iros quería decir que... Esto me da un poco de vergüenza pero... Bueno, que sepáis que finalmente la ropa y el material escolar que habíais traído, lo hemos repartido entre Kim chófer, Kim guía y yo misma. Era poco para las necesidades del orfanato, pero mucho y muy importante para nuestras respectivas hijas. Así que... en fin, gracias también por eso.

Me siento perturbada ante este punto final. No reconozco a Kang tan sensible. ¿Por qué se sincera ahora? ¿Es porque sabe que ya no la volveremos a ver? Desde el primer momento se ha mostrado firme, autoritaria y reticente a mostrar sus sentimientos. Ya no. Intento añadir algo. Me gustaría darle un abrazo de despedida, aunque creo que solo aumentaría la dificultad de este momento. Abrazarse es un gesto demasiado occidental. Apoyo mi cabeza en el hombro de Pau y los dos nos despedimos pensativos, sorprendidos, emocionados. Kang sigue llorando con las linternas en la mano mientras subimos a nuestro vagón. Viajé dispuesta a encontrar un resquicio de belleza en una ciudad sin luz. No puedo asegurar que lo haya encontrado pero este instante, creo, ha sido lo más parecido.

EPÍLOGO

Tiempo después, finalizado nuestro periplo norcoreano, se despejaron todas las dudas que yo había acarreado durante el viaje. Kim Jong Il falleció en diciembre de 2011. De nuevo el pueblo protagonizó un luto masivo, similar al que se vivió durante la muerte de Kim Il Sung. Periodistas que rompen a llorar al dar la noticia, trabajadores que gesticulan desconsoladamente ante las cámaras. Una escena extraña, en la que los habitantes compiten para demostrar quién sufre más ante la pérdida del presidente. Ése será el que menos posibilidades tenga de ir a un campo de reeducación por falta de espíritu revolucionario, cuentan en Occidente.

La sucesión recayó en su hijo menor Kim Jong Un. Unos meses antes había sido ascendido de golpe al rango de general de cuatro estrellas y se le había nombrado vicepresidente de la Comisión de Defensa Nacional del Partido. La propaganda interna comenzó a funcionar, se ensalzó de forma desmedida su breve pasado militar y se le denominó de forma oficial el «Brillante Camarada». Kim Jong Un, desconocido para todos los norcoreanos con los que hablé, fue presentado en sociedad durante el desfile conmemorativo del sesenta y cinco aniversario del Partido de los Trabajadores en octubre de 2010. Fue su primera aparición pública.

Muchas veces imagino que vuelvo a Corea del Norte y vuelvo a plantear la pregunta sobre los hijos de Kim Jong Il. Ahora los norcoreanos tienen la obligación de ensalzar a Kim Jong Un y seguramente las respuestas hablarían de su glorioso pasado. Los demás hijos, como no han aparecido nunca en un medio de comunicación norcoreano, simplemente no existen. ¿Habrán forjado ya alguna leyenda en torno a Kim Jong Un? ¿Qué pondrán en las biografías de Kim Jong Il dentro de unos años? ¿Lo mismo que cuando yo estuve allí? ¿O tendrán que reescribir la historia una vez más para darle mayor repercusión al nacimiento del heredero? ¿Le habrán empezado a construir su propio Palacio de la Amistad? ¿Estarán ya los floricultores trabajando en una flor a la que llamar kimjongungia? Simple curiosidad.

www.ingramcontent.com/pod-product-compliance
Lightning Source LLC
Chambersburg PA
CBHW071310110426
42743CB00042B/1252